WHAT YOUR STUFF REVEALS ABOUT YOU

NewPhilosopher

新哲人

03

买，还是不买？

澳大利亚新哲人编辑部　编著
张小雨　译

中信出版集团 | 北京

图书在版编目（CIP）数据

新哲人.买，还是不买？/澳大利亚新哲人编辑部

编著；张小雨译.-- 北京：中信出版社，2022.1〔2025.8重印〕

书名原文：NewPhilosopher:To buy or not to buy?

That is the question.

ISBN 978-7-5217-3782-0

Ⅰ.①新… Ⅱ.①澳… ②张… Ⅲ.①哲学—研究—世界 Ⅳ.①B1

中国版本图书馆 CIP 数据核字 (2021) 第 235473 号

新哲人——买，还是不买？

编　　著：澳大利亚新哲人编辑部

译　　者：张小雨

出版发行：中信出版集团股份有限公司

（北京市朝阳区东三环北路27号嘉铭中心　邮编　100020）

承 印 者：北京启航东方印刷有限公司

开　　本：787mm×1092mm　1/16　　印　张：8.75　　字　数：150 千字

版　　次：2022 年 1 月第 1 版　　印　次：2025 年 8 月第 7 次印刷

书　　号：ISBN 978-7-5217-3782-0

定　　价：59.00 元

选题策划　心码文化

出 版 人　山　海　曹萌瑶

中文主编　姜宇辉

策划编辑　蒲晓天

特约编辑　张　艳　姜雪梅

责任编辑　杨　洁

营销编辑　高　寒　杨　佩　陈格平

装帧设计　李　一

消费……社会？

姜宇辉

华东师范大学哲学系教授
《新哲人》中文版主编

《新哲人》杂志已经出到第三期了，内容越来越生动有趣，主题也越来越接地气了。贴近生活，展开哲学思考，运用哲学思维提升生活品质，这大概也是所谓"新"之所在。这一期的主题是买买买，这是个大家既爱又恨的话题。爱的是，买东西绝对是大家平时喜闻乐见的放松休闲方式，不需要什么专业技能，也不占用大把的宝贵时间，只要拿出手机刷刷就行了，何乐而不为？但话又说回来，这么个看似人畜无害、老少咸宜的活动却也向来被大家质疑、诟病乃至批判。除了买买买，咱还能干点儿别的不？买了一堆平时根本不用的东西，甚至面对着一堆根本没拆封的快递，这种看似"廉价"的快乐到底有何意义？如果说这些还只是轻度的疑惑，那怎么也停不下来的"剁手症"大概就属于重度的症状了。没什么事儿，但就是想买买买，根本停不下来，甚至根本不知道为什么买，也不清楚买了有什么用，但就是像上瘾一般，陷入一个循环往复的圈套之中。买是快乐，是拯救，但也是惩罚，是顽症。

关于这些"水火不相容"的方面，本期各个精彩的主题已经有相当全面、深入的阐发。按照老规矩，我还是坚持"没有剧透就没有伤害"的原则，只是利用主编的一点"职权"在开篇之处给大家补充一点哲学背景的小贴士，关于买东西，关于消费，甚至关于整个消费社会。

买东西，这实在是太过司空见惯的日常活动，但其实和别的主题一样，只要稍微从哲学的角度进行一点反思和批判，其中种种可疑的"蛛丝马迹"立时就显现出来了。这学期我正带着博士生读法国哲学家德勒兹的一本"天书"——《差异与重复》，对于序言里面的一段话，大家都觉得挺值得玩味。他说一本好的哲学书应该一半像侦探小说，一半像科幻小说。那也就是说，哲学家做的工作一半是破案，一半是畅想。我觉得用在日常生活的"新"哲思上面，这还真的颇为恰切。哲学家首先应该有神探的眼光，在大家熟视无睹的细节之中硬是能够看出条条线索，读出种种意义。同样，哲学家还应该有科幻创作者的胸襟，不只是局限于眼前的苟且，更能放眼全局，看到未来和远方。

那咱们就从买东西这件日常小事入手，施展一番侦探和科幻的功力。"买"就是一个简单的词，意思也很明显，在当下的现实世界之中，主要就是用货币来交换商品。货币的形态在今天是多种多样了，纸币已经不大有人用了，大家基本上都是在线支付。你看到的不再是皱巴巴、脏兮兮的纸币，而是在支付界面上一下子减去的一串数字。但即便如此，货币的功能仍然是一样的，只是支付的手段从线下转移到线上而已。同样，用钱来买东西，这也是常识。用钱来生钱，大家会称其为"理财"或者"投资"，只是为了买更多、更好、更贵的东西做准备而已，算不上真正的买。真正的买必须要经过从钱到商品这个完整的过程，这才算是彻底完成。你必须要见到实物，拿到手里掂量掂量，心里才有底："嗯，这钱没白花！"当然，有一些商品，你暂时见不到或拿不到，比如期房，你看到的只是围起来的一片地，但开发商肯定会给你明确的承诺，在未来的某个时刻，你一定会见到，且"住进"实物。所以，从货币到商品的这个循环注定是会完成的，只是需要一段时间的"绵延"过程而已。

但正是从这里开始，我们就需要将"买"这个简单的词上升到一个具有普遍性的层次，想想"消费"这件更大的事儿了。大家在政经课上都学过那个最基本的商品经济的循环模式，也就是从生产、分配，再到交换、消费。具体细节就不展开了，以免大家犯困，但在这个遍及整个社会的大循环里面，至少起点是生产，终点是消费，然后又会从一个终点转向下一个起点，进行下一次循环。小到买一支雪糕，大到买车、买房甚至买公司，其实说到底都是这样的循环在一次次、一轮轮地周而复始。这就提醒我们，"消费"显然是一个比"买"范围更大、环节更多、波及程度也更深的过程。买，似乎只是随手一刷，坐以待"货"的过程，但消费就不一样了。你会发现，你的每一次购买行为其实都会在一个从生产到消费再到生产的漫长而巨大的链条之中不断向前、向后地延伸着。你可能就像尼采在《查拉图斯特拉如是说》里面所描绘的那个憨憨的侏儒一样，坐在山洞口，却突然陷入了困惑，因为你不知道到底应该往哪边走，因为你往里或往外看都是无尽的征途。

但其实呢，如果你在星巴克排队等大杯拿铁的时候，脑子里突然闪现过从"买"这个活动到"消费"的循环链条的思考，那你已经不能被算作陪衬在查拉图斯特拉身边的侏儒了，绝对有基础去考一个"哲学侦探"的资格证了。你会觉得每天都做、一遍遍做的这件事儿有点"可疑"，甚至有点儿"不对劲"。为什么呢？看起来只是用钱来换一个东西，掏出手机，扫码，拿货，结束。但实际上呢，一切都没有结束，甚至可以说才刚刚开始。你买的这杯咖啡，它之前还只是一粒粒、一罐罐的咖啡豆，它们要被运输，而运输需要靠火车、轮船或飞机；运输之前，它们还需要被加工；被加工之前，它们还需要被种植；甚至在被种植之前，它们还需要大地之上、自然之中的一片种植园。这样一步步向着"山洞里面"望去，你一下子就迷失了，不再那么笃定和泰然自若了，你拿着拿铁的手是不是也开始抖了？没错，这样追溯下去，你甚至可以说，交到你手上的这杯咖啡不仅跨越了千山万水，还贯穿了天地万物。实际上，这就像海德格尔在《存在与时间》里面讲的"制作鞋"的整个"因缘"网络的展开过程。只不过，你这个哲学侦探在这个无尽延伸的网络里面看到的不只是一个个物的环节，也不只是各式各样的人的活动，而是总会追溯到一个"尽头"，那正是人的想法。很久很久以前，一定有一个人坐在夕阳之下，面对着眼前的一片山水，心中油然升起一个念头：我，要做出一杯咖啡。

这样不断往前往后地想，买东西就不是那么简单、随意甚至琐屑的一件小事儿了。它是一件大事儿，甚至可以很大。它的范围可以很大，它的重要性也可以很大。它绝不是拿钱换东西这么简单，它贯穿整个社会的人际网络，甚至整个世界的万物网络。买，只是网络之中的一个个微小的环节，但消费，可就是那个从过去向未来，从洞里向洞外无限延伸的网络本身。所以法国哲学家鲍德里亚才会写出那本很有名的书——《消费社会》。这本书之所以会产生那么大的影响，也正是因为侦探鲍德里亚推着购物车在超市里面瞎逛的时候，突然看着一排排琳琅满目的货架陷入了沉思，破解了运作于可见的商品背后的、掌控整个社会的"看不见的密码"。消费，岂止是买个东西那么简单！它简直就是构建整个现代社会的最基础的平台、最基本的网络。我们无时无刻不在消费，我们全心全意为了消费，甚至我们殚精竭虑但又注定徒劳地想要停止消费……但这一切最终在围绕消费展开，这一切都深深陷入消费的体系和网络之中，难以自拔。

这么看起来，咱们这期的标题"买，还是不买"（实际上来自搜索引擎MetaCrawler的联合创始人埃奇奥尼）真的是一针见血，甚至直指人心。这个哈姆雷特式的追问（"to be or not to be"）恰恰具有一种生死攸关的两难选择的极端意味。买，还是不买？当你面对一件具体的商品的时候，这或许是一个很容易做出的选择（当然，重度选择焦虑症患者除外）。但当你放眼整个消费社会的因缘网络之时，这可就变成一个棘手的难题了。买，你就要在整个消费网络之中继续沉沦，买了一件还会买一件，买了这个还想买别的。消费社会的两大"法宝"，一边是堆积如山的丰盛商品，另一边则是必须想尽各种办法不断激活的人的购买欲望。"买，不能停！"这就是来自消费社会的绝对律令。

但你真的想停下来不买吗？你真的能收手吗？又谈何容易？当整个社会都是按照消费的规则被编码的时候，它还会给你留出怎样的自由选择空间呢？你可以不买这个或那个，但你总要买点什么。你可以不进商场，删掉购物客户端，但你日常生活里面做的哪一件事情又跟消费没有关系，甚至不是按照消费的规则被建构起来的呢？不买，你就别无选择。不买，实际上就是"死路一条"。这种焦虑和恐怖的程度完全不输给直面亡魂的哈姆雷特啊。所以鲍德里亚这本书的书名中的"消费"其实不只是形容词，更是动词。他不只是说，整个社会的基本架构就是消费，可能更想说，这个社会都将如此消费下去，都会这样被彻底"消费"。FICO（美国个人消费信用评估公司）的领导人曾说过"我们知道你明天会做什么"，翻译成大家能懂的话，就是说"我们知道你想要什么，想买什么，会买什么，所以我们也能决定让你买什么，让你做什么"。这已经不是"细思恐极"了，绝对是"一思便恐"。

好了，点到为止。我觉得你手里那杯拿铁不仅变得冰冷，而且你手抖得都快将它洒出来了。这已经不是侦探小说的氛围了，简直升级成恐怖小说了。那最后不妨补一点科幻的内容，调剂一下。除了消费，我们的生存还能有别的可能吗？在消费之外，这个世界还有别的未来吗？或许有吧。这就让人想到其实"消费"这个词在英语和法语里面都还有另外一个重要的意思，那就是消耗、耗费。法国哲学家巴塔耶就从这个角度入手，展开了很多极端的论述，但或许也不失为对消费社会幻想式的超脱方式。也许在你人生的某一刻，你总会想要冲动地进行一场消费，不为了什么，只是单纯地耗费，没有回报和收益，甚至都没有理由和意义。在那一刻，你能从消费社会的天罗地网之中挣脱而出吗？还是正相反，这种"无脑"的冲动或许恰恰是消费社会最想在人类身上植入的消费本能？谁又知道？谁又说得清？但无论怎样，只要我们开始思考，开始侦探，开始幻想，这个世界就还是充满了未知的可能。

那就赶快展卷阅读吧。

03 卷首语

瞧啊！人已沦为自己工具的工具。

——

亨利·戴维·梭罗

物品

为遏止铺张浪费的消费行为，威尼斯在15世纪和16世纪通过了十几条禁奢法令。其中有一条强行规定，赠予他人的结婚礼物不能多于6柄叉子和6把勺子，另一条则详细列出了允许在宴会上供应的甜点种类（只限时令水果和小块点心）。威尼斯人的理论是：贪婪乃万恶之源，奢侈的开销就是对国家的威胁。

将时间快进500年，如今我们既可以随心所欲地赠送或接受任何数量的叉子，也可以在一年中的任何时刻为客人奉上印度的杧果或日本的麻薯。在21世纪，再没有什么烦人的法律来抑制我们随意消费和丢弃的欲望了。

问题在于，当前我们的"菜单"上可远远不止叉子和水果。现在，我们有了指尖陀螺（两个月售出5 000万个），有了智能手机（每年售出13亿部），还有了需要500多年才能降解的塑料袋（每年使用1万亿个）。

也许威尼斯人的做法还是有点道理的。

赞·博格
《新哲人》主编

目录 ———— **Stuff**

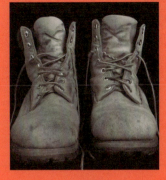
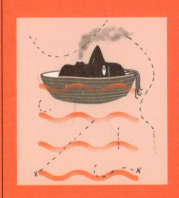

撰稿人

DBC 皮埃尔

处女作《维农少年》获得了2003年的布克奖和惠特贝瑞图书奖（现科斯塔图书奖）的"最佳初作"奖项，这也是此二奖项首次授予同一本书。皮埃尔还著有《柳德米拉的蹩脚英文》、短篇小说集《仙境灯火暗》和中篇小说《与波吉亚家族共进早餐》。他曾经获得都柏林大学文史学会颁发的詹姆斯·乔伊斯奖。

唐·拉斐尔

屡获殊荣的作家和编辑。她的插图回忆录《物品的秘密生活》是《华尔街日报》的畅销书，早期著作包括受到批评界赞誉的小说《带着身体》和两本故事集。她的作品频现于《奥普拉杂志》、《密西西比评论奖选集》、《铁锚书系新美国短篇小说集》、《艺术与文学》、《2015年最佳短篇小说》和《2016年最佳短篇小说》等刊物。

安东尼娅·凯斯

《新哲人》文学编辑、《女人》编辑，哲学讨论系列"光明思维"的共同创始人。同时，她也是一位屡获殊荣的作家和记者。荣获2014年"澳大拉西亚*哲学协会媒体专业者奖"，2016年和2017年入选国际书架奖的"年度编辑"，2016年被选为布里斯班作家节的"常驻哲学家"。

达蒙·扬

哲学家和作家，墨尔本大学的荣誉研究员，也是2013年"澳大拉西亚哲学协会媒体奖"的得主。他的著作包括《如何思考健身》、《阅读的艺术》和《分散注意力》等，以及一些短篇小说、诗歌和儿童图书。他是澳大利亚广播公司的固定电台嘉宾，并为《时代》、《卫报》和《澳大利亚人》等报刊撰稿。

玛格丽特·吉布森

格里菲斯大学的高级讲师，过去10年的研究重点是死亡、哀悼和物质文化，即死亡的物质遗产以及人们如何通过实体与数字物品纪念和哀悼亲友。她在1999获得新南威尔士大学哲学博士学位，著作包括《死者的数码物品》和《死者的数码生活》。

加里·克罗斯

美国文化史学家，主要研究消费、童年和闲暇问题，是宾夕法尼亚州立大学现代史特聘教授。他长期研究20世纪富裕的起源、运用、意义和后果等主题，并因此著有《时间与金钱：消费者文化的形成》、《全面消费的世纪：为何商业主义能在现代美国获胜》和《游乐的人群：20世纪的娱乐场所》。

奈吉尔·沃伯顿

自由哲学家、播客主持、作家，《新哲人》特约编辑，"一口哲学"（Philosophy Bites）播客节目的主持人，曾任开放大学哲学高级讲师和诺丁汉大学哲学讲师，被誉为"我们这个时代最受欢迎的科普哲学家之一"。他的著作包括《哲学小史：西方哲学四十讲》《从A到Z的思维》和《从〈理想国〉到〈正义论〉：轻松读懂27部西方哲学经典》。

奥利弗·波克曼

一名常驻纽约的作家，外国新闻协会的"年度青年记者"，曾入围2006年奥威尔奖。他的著作包括《救我！论如何快乐而高效地生活》和《灵药：悲观之人值得的幸福》。这些作品探索了消极性、不确定性、失败与不完美的积极作用。

玛丽娜·本杰明

《新政治家》的前艺术编辑和《伦敦晚旗报》的艺术副编辑，现在是《万古》杂志的高级编辑。她是小说家和记者，为《每日快报》和《苏格兰星期日》撰写专栏，其著作包括《巴比伦的末日》和《中场休息：年满五十》，最新著作《火箭之梦》入选了尤金·艾美文学奖。

赫尼斯·卡雷拉斯

《新哲人》杂志封面设计师，也是"哲学图像：简单形状的大思想"项目的创立者。卡雷拉斯的作品获得了世界各大奖项的认可，包括插画家协会的世界插图奖、劳斯奖和斯特科斯·泰勒·本森奖。他的作品被收录在《MIN：图形设计的新简化》、《玩转字体》、《几何学的快乐》与《几何图形学》等书中。

汤姆·查特菲尔德 ▬▬▬▬▬ ■

英国作家和科技哲学家。他有6本关于数字时代文化的著作，包括《网络词源学》和《如何在数字时代蓬勃发展》等。他巡游全球，在技术、艺术和媒体领域发表演讲。他曾是英国广播公司全球技术站点"BBC未来"创立初期的专栏作家，现在是英国《前景》杂志的编辑、牛津大学互联网研究院的客座研究员，也是伦敦大学学院全球治理研究院的高级专家。

蒂姆·卡瑟 ▬▬▬▬▬ ■

诺克斯学院的心理学教授，撰写了许多关于物质主义、价值观和目标的科学文章与图书。第一部作品是《物质主义的高昂代价》，之后的著作包括《心理学与消费文化：在物质世界中为美好生活奋斗》、《应对环境挑战：人类身份的作用》和《超级资本主义：现代经济和其价值观以及如何改变它们》。他目前投身于反对儿童商业化的团体活动。

塞缪尔·戈斯林 ▬▬▬▬▬▬ ■

得克萨斯大学心理学教授。他主要有三个感兴趣的领域：人与其生活的物理空间之间的联系、人类以外其他动物的"个性"，以及获取社会科学研究数据的新方法。著作包括《窥探：睹物明人》和《互联网行为研究的高级方法》。

帕特里克·斯托克斯 ▬▬▬▬▬ ■

迪肯大学（墨尔本校区）哲学讲师，专门研究19世纪和20世纪的欧洲哲学、个人身份、叙事自我、道德心理学以及死亡与纪念哲学。他尤为关注的话题是构建克尔凯郭尔（丹麦哲学家、神学家，被视作存在主义的创立者）与研究个人身份和道德心理学方向的当代分析哲学之间的桥梁，使二者进行对话。他曾荣获2014年"澳大拉西亚哲学协会媒体奖"。

安德烈·陶 ▬▬▬▬▬ ■

《新哲人》副主编、作家，既创作虚构文学，也撰写纪实文学，曾任英国《此时此刻》杂志的主编，并入围2011年澳大利亚人权委员会"青年勋章"的最终轮评选。作品发表在澳大利亚《月刊》杂志、"特别广播服务·真实故事"广播系列、Meanjin文学杂志和半岛电视台英语频道上。他与人合作创立了"铁丝网后"项目。这是一个口述历史项目，记录人们在澳大利亚的移民拘留经历。

马修·彼尔德 ▬▬▬▬▬ ■

道德哲学家，伦理学中心的研究员，他拥有博士学位，也是澳大利亚圣母大学"莫里斯研究奖学金"首届获得者。2016年获得"澳大拉西亚哲学协会媒体奖"。他曾任新南威尔士大学（堪培拉校区）人文与社会科学学院的兼职讲师，现在是澳大利亚广播公司的常驻主持人。

迈克尔·鲁尼格 ▬▬▬▬▬ ■

澳大利亚漫画家、诗人和文化评论家。1974年出版了第一本漫画集《企鹅鲁尼格》，此后又出版了23本漫画集。1999年被澳大利亚国家信托基金会宣称为"在世国宝"，并因其对澳大利亚文化的独特贡献，被乐卓博大学、格里菲斯大学和澳大利亚天主教大学授予荣誉学位。

卡洛斯·伊根和艾达·诺瓦 ▬▬▬▬▬ ■

《新哲人》和《女人》杂志的艺术总监，"诗人"茶店的艺术总监。他们为出版行业所做的工作得到了广泛的认可，其服务对象包括美国历史最悠久、规模最庞大的设计组织"美国平面设计协会"，还有《计算机艺术》、《桌面杂志》和《创意期刊》等。

*系澳大利亚、新西兰及其附近南太平洋诸岛的总称。——译者注

作者 | 彼得·斯特雷恩
作品 |《汉娜·阿伦特》

一个消费者社会不可能知晓该如何关照"世界",以及那些纯粹属于"世界之显现"的空间的东西。因为它对所有"物"的核心态度,即"消费"的态度,注定会毁灭所碰触的一切。

汉娜·阿伦特

乌有乡消息

作品｜《兰明号》　摄影｜马塞尔·克罗泽

购物到永远

我们不再"去"购物了，那个时代已经终结。毕马威会计师事务所在其最新的全球购物习惯调查中得出了这一结论。

日新月异的技术和流畅简化的物流与支付系统，使得包括地方商铺、购物中心和商业街在内的传统商店业态流失了1.9万亿美元的营业额。2017年的《全球网络消费者报告》在调查了50个国家的18430人后指出："数以百万计的消费者不再'去'购物了，而是真真切切地'在'购物，随时随地。"

今时今日，配备了移动设备的购物者永远在浏览详情、比较价格、阅读评论和购买商品。轻点屏幕即可将这些商品下单，而且无论尺寸大小，书籍、餐桌、冰箱、皮艇、蹦床，甚至汽车都可以配送到家里。该报告指出，跨境网购的大繁荣导致在东欧和俄罗斯，进口货物占到网购商品总量的43%；这一比例在拉丁美洲也是43%；在新加坡和越南则分别是43%和55%。而"千禧一代"尤其喜爱购买来自其他国家的特产。

为了方便人们"购物到永远"，全世界有超过3400万个20英尺标准集装箱被运往200个国家和地区的港口，而全世界的港口每年要处理6.8亿个集装箱。那么也就不足为奇的是，2007—2012年国际航运业年均产生了8.66亿吨二氧化碳当量，占据了全球温室气体排放量的2.4%。预计到2050年，国际航运业的碳排放量将攀升至全球温室气体排放量的17%。国际海事组织指出，如果将国际航运业视为一个国家，那么它将成为世界第六大气候污染源。

技艺人

没有任何一种人类生产的物品能够永存。不过，根据汉娜·阿伦特的说法，人类生产的产品可以按其"持存性"分为两类。

第一类是阿伦特所说的消费品，意指那些对维系我们的肉体存活至关重要的东西。此种意义上的消费品，典型的例子就是面包：它通过劳动创造出来，并迅速为人类所消耗以维持生命。约翰·洛克和马克思这两位通常处于政治光谱两极的哲学家，都视劳动为一种近乎奴役的活动。因为不同于其他的人类活动，我们之所以劳动，是出于洛克所称的"维生之必需"和马克思所言的"自然所强加的永恒必然性"。换言之，当我们的一切生产物都是为了维系自身肉体的存活时，基本上只能说我们是一种"劳动动物"（animal laborans），顾名思义，就是劳动着的动物。

与劳动动物相对照，阿伦特提出了"技艺人"（homo faber）的概念，或说是本杰明·富兰克林所称的"作为工具制造者的人"。技艺人制造的不是消费品，而是使用物。只要使用得当，使用物就能长存而不消失。技艺人的世界是个"人造物"的世界，是"我们生活于其中"的世界。虽然人类的生活是主观且变化无常的，但使用物的持存性多少为我们提供了些客观性：无论是今天还是明天，一栋房子还是那一栋，一把椅子也还是那一把。

但是，技艺人的工作是要付出代价的，因为人造物世界的"坚实性"是由一个叫作"物化"的过程所造就的，即原材料通过人类的劳动转化为材料的过程。如阿伦特所言，这项工作总是"要么扼杀某个生命的生存过程，比如砍树以获得木材；要么打断某个自然的缓进过程，比如撕开地球的'子宫'以夺走铁"。

他在男装区用趁手的弓射中一只亮色运动衫。

他在家具区用鱼叉扎起一条硕大肥美的沙发。

他在电器区棒杀一匹弹出式烤面包机。

他在床上用品区与一头特大号被子徒手搏击。

他在鞋履区撒网擒获一对华丽的拖鞋。

他是一个猎手。他养家糊口。他乃人类是也！

鲁尼格

无边落"袋"萧萧下，不尽"塑料"滚滚来。

没有免费的礼物

"世上没有免费的礼物。"至少马塞尔·莫斯在其开创性著作《礼物：古式社会中交换的形式与理由》中是这样说的。这位法国人类学家在书中详细考察了前现代社会的文化习俗，比如北美洲西北部的海达人、太平洋地区的美拉尼西亚和波利尼西亚社会，以及澳大利亚的土著文化。莫斯发现，上述每个社会体系中都存在着一种被他称为"互惠"的交换系统。事实上，这种系统在罗马、日耳曼和印欧地区的其他法律体系中也有所体现。

在某个互惠系统内，"出于对义务及自身经济利益的考量"，即使礼物"总是与交易姿态的客套话、形式主义或社交性的虚情假意一并出现，却也还是要慷慨馈赠出去的"。换句话说，送礼总需人还礼，赠予者和受赠者都心知肚明（但谁都不会点破）。

然而莫斯提出了一个问题：赠品中到底有种什么样的力量，使得受赠者必须回礼呢？当然，这并不是一个法律义务的问题，而是一个荣辱观的问题。至少在这一点上，我们与那些古代人和前现代社会的人并没有太大差异。莫斯写道："非互惠性的礼物仍会使受赠者变得低人一等，特别是那种接受时就没想过要还礼的情况。"

我们在社会生活中的确常常发现，在送礼方面绝不能"落后于人"，我们必须像莫斯描述的那样，"回礼更比收礼厚"。他还提到了花销轮轮加码的酒席，也提到了穷人家招待婚丧嫁娶的宾客，最终从破费到破产的例子。

然而莫斯的核心观点并不仅仅是没有免费的礼物，而是不应该有免费的礼物。因为非互惠性的赠礼行为，无益于社会团结的加强。恰恰相反，互赠礼物的行为创造出了某种社会纽带。这种纽带的形成虽说是义务性质的，但也是人们自愿参与其中的。

浪费行为破坏我们的自然资源，损耗、榨干我们的土地，若不善加利用并增加其效益，终将损害我们子孙应享的繁荣，而这是我们本应增强发展从而留给他们的东西。

——

西奥多·罗斯福

形式高于功能

"'趣味'进行分类，也划分那分类之人。"社会学家皮埃尔·布尔迪厄在《区分：判断力的社会批判》一书中提出了这个说法。他的意思是指，社会阶级的区别，正是出自我们对自身认为的美丑与雅俗之物所做的区分。只要我们消费，就会源源不断地做出这些区分：我们享用的饮食、穿着的衣物、买来装饰家庭的物件，以及最重要的一点——我们消费的艺术。

布尔迪厄这项论证的基石是，我们对于所有事物，尤其是对于艺术的趣味，都对应着某种消费行为的社会等级架构。文化需求是教养和教育的产物：教养提供了参与文化的机会，而教育则提供了享受"上流"艺术所需的文化知识。正如布尔迪厄所指出的，艺术作品只对拥有"阅读"它的能力之人呈现出意义和趣味性。如果不具备此种阅读能力，鉴赏者只会"迷失在声音和节奏、色彩和线条的纷乱中"。

但所谓的"上流"趣味到底由什么构成呢？根据布尔迪厄的说法，现代审美感受的特点就是认为艺术的形式高于功能。因此，审美者更重视"再现"本身，而非其所再现的事物。也就是说，现代审美者对小说或绘画的形式和技巧更感兴趣，而非其所讲述的故事或所描绘的宗教场景。较"稚拙"的审美趣味，相比之下则更期待艺术能满足某种需求，无论是娱乐、指导还是教化。关键的是，布尔迪厄将他所说的知识分子的"纯粹凝视"与经济条件联系了起来，安适的生活"往往趋于主动与必需性拉开一定距离"。

这种与必需性拉开距离的行为也可以从艺术以外的消费习惯中看到，即布尔迪厄所说的"生活的风格化"。我们的确随处可以见到对于饮食、服饰以及其他所有物的"高尚"趣味，其标志正是那与日俱增的无用性。

"抱歉，亲爱的，但我必须这么做。等到世界重返伊甸园时再来接我走吧……"

鲁尼格

新哲人

很明显，一个人很难在其称之为"我"者与其仅称之为"我的"的事物之间划清界限。

威廉·詹姆斯

没的可穿？

据罗伊·摩根研究所调查，几乎20%的澳大利亚女性会每4周购置一双新鞋，相当于澳大利亚人的衣橱里每年要增添数百万双新鞋。这些鞋会与每年全世界的约3亿双弃鞋一起，最终汇入垃圾填埋场，需平均花费50年才能降解。

许多足科医生强调了赤脚行走对人（特别是儿童）的肌肉和韧带发育的重要性，然而价值2.3万亿美元的服装鞋类行业仍在持续加大制鞋力度，最近的年产量更是达到了230亿双，相当于每人每年均摊超过3双鞋。

全球家庭服装鞋类总开支估值

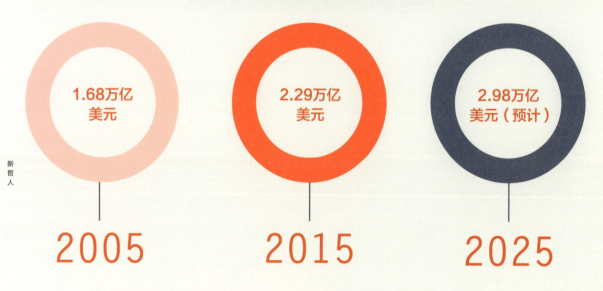

1.68万亿
美元

2.29万亿
美元

2.98万亿
美元（预计）

2005

2015

2025

每年生产230亿双鞋——折合每人每年3双以上。规模排名前10的制鞋厂商分布在以下地区。

第10名 土耳其：每年1.75亿双

 第9名 意大利：每年2.05亿双

 第8名 墨西哥：每年2.40亿双

 第7名 泰国：每年2.45亿双

 第6名 巴基斯坦：每年2.95亿双

 第5名 印度尼西亚：每年6.60亿双

 第4名 越南：每年7.60亿双

 第3名 巴西：每年8.95亿双

 第2名 印度：每年21.00亿双

 第1名 中国：每年126.00亿双

来源：《世界地图集》

服装鞋类区域支出饼状图

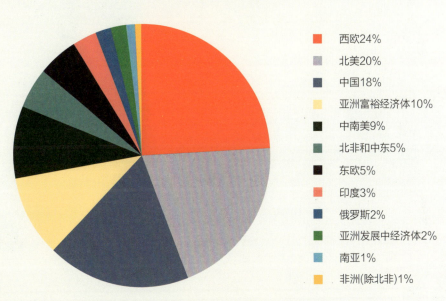

- 西欧24%
- 北美20%
- 中国18%
- 亚洲富裕经济体10%
- 中南美9%
- 北非和中东5%
- 东欧5%
- 印度3%
- 俄罗斯2%
- 亚洲发展中经济体2%
- 南亚1%
- 非洲(除北非)1%

来源：全球人口统计公司

20%

几乎20%的澳大利亚女性会每4周购置一双新鞋。

来源：罗伊·摩根研究所

7½

在美国，每个人（含儿童）平均每年要购置7½双鞋。

来源：亚太区皮革展

少少益善？

奈吉尔·沃伯顿

线条利落、装饰趋无，舍杂乱而求简洁，且首要突出功能性——这是现代主义建筑的特点。一言以蔽之，就是"少即是多"。虽然这句话最初是由罗伯特·勃朗宁在其诗作《安德烈亚·德尔·萨尔托》中写就，却常让人联想到现代主义建筑师路德维希·密斯·凡·德·罗。后者享得盛名，正因其建在芝加哥和纽约的玻璃与钢铁塔楼群那简洁的线条。然而要说起来，还得提到另一位叫作阿道夫·路斯的建筑师，算起来他才是真正开启了这种对于简约的迷恋。1908年，阿道夫·路斯发表了一篇名为"装饰与罪恶"的奇文。在文中，他挑战了当时公认的观点，宣称"痴迷于装饰"远非复杂、高级的标志，反倒是一种处于文化进化过程中原始阶段的典型表现。在他看来，装饰只适用于野蛮人和堕落者，而非现代人。这一立场虽建立在对人类学与文化的虚假概括之上，几乎可说只是路斯从自己的臆想中摘出的，却引起了当时年纪尚轻的勒·柯布西耶的共鸣。后者在自己主办的杂志《新精神》上重登此文，并附和前者的结论道："民族愈雅，装饰愈寡。"

路斯由于自己建在奥地利圣米歇尔广场的"无眉房"而在维也纳声名狼藉。这座建筑被揶揄成"没有眉毛"，乃因建筑师拒绝以任何方式装饰窗户。此建筑正对霍夫堡皇宫，据称皇帝弗朗茨·约瑟夫一世因此被气得大怒，从那以后只从后门出宫以免其碍眼。当路德维希·维特根斯坦暂别哲学事业，转而去设计他富有的姐姐玛格丽特在维也纳昆德曼巷的宅第时，路斯那纯粹的现代主义审美成了他灵感的来源。由维特根斯坦与路斯的弟子——建筑师保罗·恩格尔曼合作完成于1926—1929年的维特根斯坦宅，简洁中透着质朴。维特根斯坦在去除装饰性特征和沉迷于控制误差与精度方面都态度专横：他要求去除假阁楼、女儿墙、装饰条、踢脚板、门框饰条，以及其他一切非严格意义上有功能性的物件，并要求把误差与精度控制到一个荒谬的程度。巨额的家族财富支持着维特根斯坦，这意味着他可以要求施工精度远高于普通建筑项目的可行程度，甚至可以摒弃市面上现有的设计，自己设计所有门把手的款式。之后，在建筑工人即将收工离开的最后时刻，他提了个闻名于世的要求：让整个主厅的天花板抬升3厘米。一切都必须完美。视野的纯洁性绝不能为建筑上的不精确所破坏，那些自由悬挂着的200瓦灯泡也绝不能有灯罩。完工后的整个建筑里，没有任何东西是多余的或带一点装饰的，也没有任何东西不精确。宅第的设计被削减至唯余功能性，其建造过程亦成为一种纯粹、几何式精确、平衡与匀称的美学表达。

维特根斯坦宅的素朴与维特根斯坦本人朴素的生活方式相匹配。这位哲学家后来以放弃可观遗产，在其剑桥大学三一学院的住所里只备一把躺椅和一扇暖气而扬名天下。他在生活中尽可能多地舍弃杂物，甚至在挪威的峡湾上找了间特制的孤室，于其中度过若干岁月以研究哲学思想，并最终完成了《逻辑哲学论》。对维特根斯坦而言，就连其他人的存在也是一种杂乱。据说他曾对一个偶然路过向他问好的当地人回道："走远一点！害得我要花两个礼拜的时间才能恢复到刚才被你打断之前的状态。"

维特根斯坦对于生活空间那全然素朴的偏好，大概不只受到路斯的现代主义审美的启发，或许更接近居家整理大师近藤麻理惠所持的观点：一旦把充斥在大多数房间里的非必要物品去掉，只留下那些"令人怦然心动"的，我们的房间最后就会像个神社一样，变成一片连思绪都清晰起来的净土。但我并不能被这种观点完全说服，至少它并非适合所有人。虽然我也喜欢现代主义建筑和家具的简洁线条，也很欣赏科技感满满的光洁设计那一套，但我不相信理想的脑力工作场所得是个空荡荡的小格子间。如果你要做冥想，那里倒的确可以提供一种消除干扰的视觉白噪声。但作为一个办公桌上总是摊一堆的人，一个被乱纸垛包围起来工作状态才最好的人，我想要申辩一下："杂乱是写作的催化剂，而非敌人。"办公桌应该完全干净或写作环境应该纯粹简单，诸如此类的想法与我水火不容。如果有人非要将"整洁办公"的方针强加于我，那不外乎是要激怒我——我可是会反抗的。只有陷在家庭办公室的书山文海里，或在咖啡馆里听着背景噪声、喝着剩了半杯的馥芮白咖啡、看着人们四处走动，我的工作才最见成果。我知道，并非只有我一个人是这样的。

近藤无疑会说我正受到"沉没成本谬误"的困扰。因为我已经通过购买投资了那些充斥办公室的图书和其他东西，所以即使大多数东西对我来说可能不是很有用了，我也不愿把它

> 这建筑是"一座标识不清的混乱迷宫"。尽管如此，但事实证明对于在那里工作的许多人来说，它就是一片超乎想象的沃土良田。

们清理掉。要不她就会说我正受到"现状偏差"（普遍崇尚保持事物现状而非改变的倾向）的戕害：这就是我无法激发能量来改造工作空间的原因。也许这些说法都是对的，我也自欺欺人地想象着，如果我付出了情绪和体力，只要处理掉更多物品，工作就能变得多好。但我又从蒂姆·哈福德在《混乱：如何成为失控时代的掌控者》中研究的一些案例里得到了一丝慰藉。让人印象最深的例子是麻省理工学院的20号楼。那是一栋用胶合板、煤渣块和石棉打造的三层临时建筑，用于容纳各种研究项目，很多方面都设计得非常糟。按照哈福德的说法，这建筑是"一座标识不清的混乱迷宫"。尽管如此，但事实证明对于在那里工作的许多人来说，它就是一片超乎想象的沃土良田。仅举几例就可证明：在大楼里做过实验的物理学家中有9位后来获得了诺贝尔奖；在那里诞生了第一款原子钟；在那里，哈罗德·埃杰顿利用频闪技术，拍摄了飞行子弹穿透苹果的瞬间；也正是在那里，诺姆·乔姆斯基正在构思的观念，即将在未来改变语言学的形态。

这座建筑虽然看起来一团乱，但正如某位住户所言，它有种"激发创造力和发展新思想的精神"。部分原因是一群高智商的人被强凑在一起从事不同的项目，从而经常会在走廊上撞见；但同样重要的原因是，这栋楼很容易进行重新配置——研究人员无须通过复杂的申请，就能把东西钉在墙上，甚至可以随意打通房间。邋遢作家的办公室也有些这样的特点，可能会在办公室里偶然翻出遗忘已久的书或纸页，没有什么强迫性的归档系统，规定所有东西必须在其所谓正确的位置上。而且，正如哈福德在书中所指出的："凌乱的办公桌并不像初看那么混乱无序。它会出现一种很自然的倾向：有用的物品被不断挑拣出来，用完就丢在物品堆的最上面，从而形成了一个非常具有实用性的组织系统。"

干干净净的书桌和井井有条的纸张在时尚生活杂志上看起来很不赖，符合极简主义审美，对一些人来说显然也很有效，但杂乱无章的办公桌和满满当当的文件、图书对我们这些人来说也是有效的。"身陷物品山"并不是种罪过，对我们很多人来说，那才是创造力的源泉。Ⓝ

"冲动购物症"早在1915年就被德国精神病学家埃米尔·克雷佩林视为疾病。他描述了"购物狂"或购买成瘾症状的存在。

2015年，全球家庭层面的商品和服务支出额为42.773万亿美元。

在但丁的14世纪史诗《神曲》中，地狱的第四层是专门留给"挥霍者"和"囤积者"的。对他们的惩罚是推动巨大重物互相碰撞，循环往复，直到永远。

美国2016年的信用卡未偿债务总计为3.766万亿美元。

英国艺术家迈克尔·兰迪在2001年呈演了作品《分解》，内容是系统销毁他自己拥有的每一件物品。他毁掉了7 227件物品，包括照片、情书、自己的汽车，以及翠西·艾敏和达米恩·赫斯特的作品。总共制造了近6吨垃圾。

虽然第欧根尼综合征有时用以指代病态的囤积行为，但锡诺普的第欧根尼本人并没有囤积过物品。事实上，他是个极端的极简主义者。据说看到有人用手捧水喝后，他就毁掉了自己唯一的碗。

全世界范围内的广告支出预计到2017年底前将达到近5 400亿美元。*

平均而言，美国住宅里面的电视机比人还多。2010年，美国平均每户拥有的电视机数量达到了2.93台。

在伊特鲁里亚文明的丧葬习俗中，死者的陪葬物上常刻有"为墓所制"的字样，通常是为了使该物无法继续使用。这是一种将物品从人间抹去的方式。

2014年的一项研究表明，高水平物质主义倾向与低水平生活满意度之间的一致关系有所增强。这是由于物质主义者体验感恩的能力大不如前。

* 此原版书出版于2017年11月，所以此数据为当时的预测。——编者注

好物两个半

安东尼娅·凯斯

有很多种暖心的说法描述了那种自己拥有一个家的感觉，尤其是法国哲学家加斯东·巴什拉的那句："如果让我点出家宅最为裨益之处，那得说是——家宅佑我白日梦，家宅护我入梦人，家宅许我好梦眠。"正是这使人免于欲求与嫉妒之扰的白日梦庇护所，才让我们渴求一个属于自己的家。

从二楼窗户向外居高远望，我将窗帘拉向一侧，吸一口气，欣赏着，这可是接下来会看一辈子的景色呀。目光扫到隔开此房子与邻家院的后院篱笆，我猛地转过身来，指向那边："那家的房子可真是⋯⋯真是⋯⋯了不得呀⋯⋯"

"哦，对呀。"房屋中介不无得意，目光落在邻家的山墙顶。"那栋房子是我去年卖的。看，想当年那房子可是主宅。这栋房子，"他顿了顿说，"你现在待的这一栋，原来是它的马厩。"

其实屋里也闻不到什么马毛味儿，但我就是觉得，如果使足了劲也许还是能闻到些味道吧。晃荡到楼下，我有点垂头丧气。出屋来到花园，中介带着我去看花坛。每年这个时节的花坛的确能给此屋主人的颜面增光，但我还是盯上了另一栋房子。现在我紧贴着篱笆，正打算好好欣赏欣赏邻家的砂岩柱子和拱窗。

再仔细看看，我发现邻家的侧门周边围了圈带刺的铁丝网；拉了根临时的绳子，洗好的衣物软塌塌地挂在上面；花园也斑斑驳驳。但是，为什么会乱成这样？要是能有这么一栋气派大宅，任谁每天醒来都只会全心投入地精心保养它吧？

在人们拥有的和迫切渴求的物品数量之间，差
距仍然稳定在两个半。

话还是得说清楚：现在我所处的这栋房子，诚如售楼宣传册所示，确实可算得上是"联邦
时期'安妮女王复兴风格'建筑的绝美样板，旧日容纳绅士车马器具，今朝成就雅致家族
宅邸"。然而，生活并非是孤立存在的，一栋房子毕竟立于其他房子之间。事实就是，篱
笆另一侧的房子即使乱糟糟的，也明显比这边的好很多。

这个故事当然没什么新意，就是老调重弹，比如可以说成"邻家的草儿格外绿"或者"这
山望着那山高"什么的，指的就是邻居间容易互相模仿和攀比着买车、建游泳池和修车道
之类的事。但这些老话儿并没有揭示大家会攀比的潜在原因。为什么我们总不安于自己已
经拥有的东西呢？为什么我们总是放眼于篱笆另一侧，去寻求看似更好的生活呢？

丹尼尔·内特尔在《幸福：追求比得到更快乐》中写道，我们作为生物体，需要找出对自
身来说最好的东西。为了求生存，或者能开枝散叶更好，我们必须"不断扫视地平线，密
切留意更好的环境、社交网络以及行为模式，而且应该始终留有一丝不满的空间，以防万
一有什么真正特殊的东西进入视野"。内特尔认为，如果没有这样的行为，人类就无法成
为非常成功的生物体。如果当初只是待在培养皿中自夸天生优越的DNA(脱氧核糖核酸)，
我们早就被另一种野心更盛的生物体消灭了。因此可以说不快乐的能力就是我们最大的天
赋，这股动力见证了人类对地球上几乎所有其他生物体的征服过程（这也算是一件不快乐
的事吧，或者也可能并不算什么）。

在我们心中迫切渴求的物品和实际所拥有的物品形成的落差中，消费主义也携其炫目的产
品阵容到来了。内特尔写道："兜售怀旧情结、精神系统、药物和各式消费品的小贩"都
趁虚而入，承诺能缩小我们"当下的满足"与"（未来）可能出现的超级满足"之间的差
距。有些物品会迎合我们的需求，对他人发出诸如地位、容貌、健康和财富等具有生物适
应度的信号，这可比那些单纯有用的物品更具诱惑力。

经济学家理查德·伊斯特林在1978年对美国公众进行了一项横断面调查，征询何谓"过上'美好生活'"。"你想从生活中得到什么？"他发给受访者一张列有汽车、电视机、海外休假、游泳池和度假屋等24项大件消费的卡片，并询问道，"当想象你想拥有的'美好生活'时（如果有），就个人而言，你认为清单上哪些算是那种'美好生活'的一部分呢？"接着他还要求受访者勾选出自己已拥有的物件。在16年后的1994年，他又对同样的人群进行了调查。这次最能说明问题的是，虽然受访者确实拥有了更多物品（对比1978年的1.7件，1994年为3.1件），但他们还渴望得到更多清单所列的物件（有别于1978年的4.4件，这次的"美好生活"需要5.6件）。换句话说，16年来，在人们拥有的和迫切渴求的物品数量之间，差距仍然稳定在两个半。他们总是差那两个半的好东西，而且似乎永远如此。

这项调查表明无论地位高低，这种差距、这种微小差额的渴求、这种萦绕心头的不足感也许会一直存在。虽然我们很少会渴望在自家墙上挂幅伦勃朗的蚀刻版画，但对于有途径购买的人来说，它很快就会成为其"美好生活"清单上的一项。普通工薪族梦想有个度假屋，亿万富翁却梦想有个挂着自己名字的公共画廊，还配有酒店和赌场。

所以，看来无论我们如何努力奔跑，试图跨越那好物两个半的微妙差距，也无法真正弥合。只是因为"满足"从来都不曾存在于我们的DNA中。

我常会想起篱笆另一边，想起那栋洗晾衣物和铁丝网所包围的宅第。我想象宅子的主人蜷缩在贴满金箔壁纸的奢华客厅里，争论着是否要开家酒厂，是否要出海，或者是否要在印度尼西亚的哪个地方买个小房子隐居。与此同时，宅第花园的玫瑰正在凋谢，泥土更加斑驳，拱窗的裂缝也越来越大。

而好物两个半的差距却永远都在。N

我们不停置办用具，没承想徒增烦恼；我们持续积累财物，不料竟更添心焦。想必去到乡村后或返往城市前，没有哪位操劳的主妇不曾有过片刻绝望，祈愿文明可以从未存在。她羡慕那印第安女子的自由：窝棚留给土拨鼠，行头缚在后背上，就可以淡然离开。但这类祈愿无济于事，因为我们生活在现代都市，必须为自己的问题找出路，而不能陷入那最狭隘且最无望的"蓝玫瑰忧郁"之中：仿佛有朝一日得到了自然界中并不存在的蓝色玫瑰，就能实现愿望、逃避现实。我们都被无穷的发明强行卷入烦扰，而它们都是我们降生的这个时代中强烈精神活动的产物。

安娜·C.布拉克特

长路漫漫

很久很久以前，在一个很遥远很遥远的王国，住着一位厉害的勇士。

国王宣布，第一个冒险进入魔法森林并取回神圣宝石的勇者，可以迎娶自己的独生女——这片土地上最美丽的女性。

所以勇士进到森林里，从此消失得无影无踪。

许多个夜晚过去了，所有生还的希望都已破灭。他却带着宝石出现了。

但国王起了坏心，将神圣宝石据为己有。勇士被流放了。

勇士央求至少让自己光荣地死去，国王却置若罔闻。

他被带到王国的边境，被勒令永远不许回来。

勇士走啊走啊，先出了峡谷，又翻过了群山，接着穿越了大森林。

离开故国后，每走一步他都要哭诉，不知道众神为何给予自己如此的羞辱。

双腿累得快断了，只有回忆公主的美貌才能支撑他活下去。

他在森林深处遇到一位年迈的隐者。勇士向隐者讲述了自己的生涯故事，以及自己如何被众神抛弃。

隐者只是笑笑，告诉他，神只存在于传说中。每个人都是自己唯一的神，只对自己的生命负责。

勇士咒骂隐者是傻子，然后继续赶路。沿着河流走啊走啊，日复一日，他终于来到了大海边。

他在那里遇到了一群水手。他们带他漂洋过海。

从水手那里，他学会了跳舞，也学会了靠观星航行。

船靠岸后，他继续独行，进入了沙漠。

沙漠的游牧民教他如何买入卖出，如何交易获利。

继续行进，穿过沙漠，他来到了大都市。在那里他学会了工作赚钱。

但他必须前进，所以买了船票再次跨海旅行。

步履不停，涉水跋山，他看到了一位老妇的小屋。

老妇警告他不要进入前面的山谷，
因为那是一片被放逐的土地。

那里曾被邪恶的国王统治，之后众神在谷中
降巨雷进行惩罚，把整个王国夷为平地。

但他咒骂老妇是傻子，居然相信
这种童话。

他继续前行，进入谷中。

河岸边，一丝闪光映入
他的眼帘。

他将它拾起——那是块老旧暗淡的宝石。

最终它什么也换不来，所以他笑了
笑，然后就把宝石扔进河中。

宝石被河水冲入大海，从此
再也没人见过。

所有物的力量

卡罗尔·赫德森

我于意欲阅读的冲动与秘事待
昭的恐惧之间不断纠结。

丈夫意外骤逝后，我发现很难处理掉他的衣
服和其他私物。冲动之下，我开始给它们
拍照。如今才明白，当初的摄影行为是我在
试图理解这些所有物（现已不再为人所有）
中，那股似乎固有的力量与神秘。

暧昧，存在于平凡生活的残羹冷炙中，存在
于不再值钱的日用物品里。如果说它们有哪
种价值，就在于其拥有一种力量：人触到某
人的旧物后，这力量就会勾起种种回忆和情
感战栗。褶皱折痕、磨蚀污渍、落发皮屑，
这些磨损与碰触的视觉显现，化作物品上的
旧日留痕。伤痕述说了意外，述说了存留，
却也像花朵上的虫一样，终究述说了易变与
可朽。

我在阁楼里找到了两沓信件，一沓是"由她
致他"，另一沓是"由他致她"。通信日期
在我与丈夫结识之前，彼时他正处于一段破
镜难圆的感情中。我于意欲阅读的冲动与秘
事待昭的恐惧之间不断纠结。拍下它们，我
寻获了雁去鱼来中那无声却又能触知的丝丝
愉悦和缕缕悲叹。

我还在旧箱中翻出些底片和相片。这些爱与
青春的私密影像本不该为我所见，我却几乎
对这些影像起了保护的欲念。撕碎它们，并
非出于嫉妒，而是忘却的仪典。N

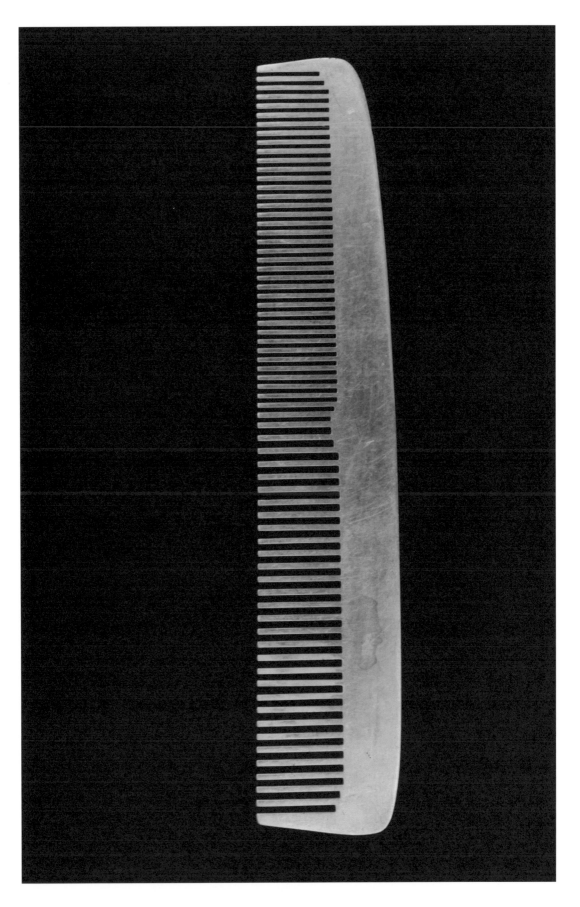

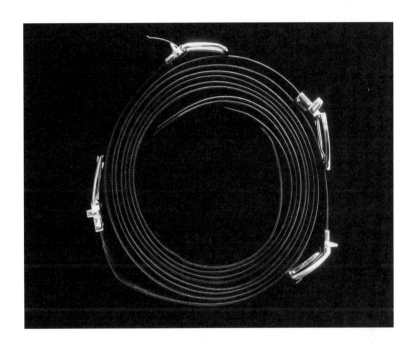

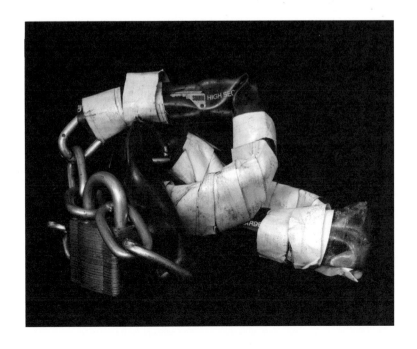

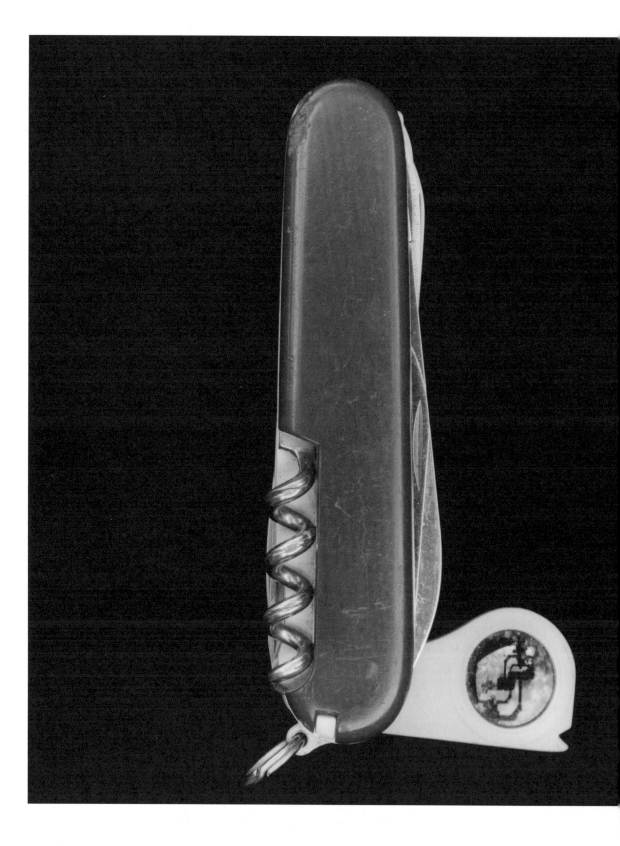

摄影｜卡罗尔·赫德森

非洲闪电号

DBC 皮埃尔

我想我从这件事中学到了一点：物品是什么并不重要，重要的是，它属于我们，而且它在"非洲闪电号"上。

70年前，重7 974吨的"非洲闪电号"货船在美国新泽西州的卡尼角，由联邦造船和船坞公司执行了下水。它是一艘看着就像个正经货船样儿的货船。那时还没有超级巨轮，更没有集装箱船。据我所知，在那年月，钢琴还是像用网捞上来的螃蟹一样，被吊到船上去的。跟这艘船比起来，即使是演过《非洲女王号》的奥斯卡影帝亨弗莱·鲍嘉走过廊桥，也不会有人注意他。"非洲闪电号"有着低舷的黑色船体，喷雾罐似的米色烟囱笔笔直直，在起重机之间有一排白色甲板。这艘货船让人想起海牛，想起在低缓水域边上停泊的独木舟，舟上还有鲇鱼待售。厉害的"非洲闪电号"呀。

它是一艘在非洲、大洋洲和美国之间运了多年货的货船。服役将尽时，它承运了我们的东西，把我们的所有家当运到纽约去。巧得很，家当里头就有一架钢琴，很可能也是像捞螃蟹般被吊上去了。我那时刚刚7岁。对7岁的小孩来说，我们的家当好像要等到海枯石烂时才能运到，而且父母的反应甚至让我不禁怀疑，当年是不是真的等到海枯石烂了。有一条线索：一天晚上，我们在搬进的新家里吃饭时，听见外面街上炸开了一声巨响。那种声音很少听到，至少像牛被掐死时的惨叫一样稀罕。但是父亲连头都没抬，只说了一句："是'非洲闪电号'吧。"

一般来说，无论是和哪只金丝雀比，老鼠至少也算旗鼓相当吧。所以我给它做了点道具，甚至还买了个小塑料摇篮和娃娃。

我早年生活的整整1/4的时间，都是在家当没到的情况下度过的。那段日子里，我甚至没过多久就忘了家里原来都有些什么东西。除了钢琴，我家所有人可能都记不得家当到底有什么。我想我从这件事中学到了一点：物品是什么并不重要，重要的是，它属于我们，而且它在"非洲闪电号"上。物品是一个既成事实。它基本上就是一系列既成事实的证据，一组证明我们在这世间起过作用的象征，是我们从这若梦浮生中获得的物质、文化和情感性"收入"。物品于我们求偶和成家的过程中渐增，在我们与祖先漫步过的疆界内积聚，反映出我们的趣味、财富、历史、文化与政治倾向，又成了我们的信仰和希望的象征。而它，就在那"非洲闪电号"上，随时都可以到达。

但东西没到，而这也不重要了。如果现在让我回想家里东西还没运到的那段断档期，其实也只是在名义上没有旧东西，因为新家看着已经被新东西塞得满满当当了。当时我还有另一条生活脉络：试着训练我在当地养的第一只宠物表演马戏。那是一只白老鼠，大名叫施罗德，而且这只施罗德也像动画片里的"大力鼠施罗德"一样穿着件斗篷。我受到了街头小贩的启发，想要训练它。我之前曾看到过小贩带着一只能"算命"的金丝雀：它除了能从一盘小信封里抽出印制好的命运签，还能把塑料小娃娃叼进摇篮，而且能给人偶戴上墨西哥阔边草帽。

我想着，施罗德至少也有这个程度的能耐吧。一般来说，无论是和哪只金丝雀比，老鼠至少也算旗鼓相当吧。所以我给它做了一些

道具，
甚至还
买了个小塑料
摇篮和娃娃，还有
一个戴帽子的人偶。但这
老鼠对此一丁点儿兴趣都没有
的样子。即使我把它的名字涂写到
这些道具上，它也无动于衷：闻一闻新玩
意儿，马上也就忘了。

我和施罗德之间有个明显的差异，可能基本上也不算太令
人意外：动物才不在乎什么物品，而我的行动则净是为物品所
规划，目的也全在于获取、部署、享受和处置它们。尽管寒鸦，可
能还有喜鹊，还有我养过的一只浣熊，都爱囤些不值钱的小玩意儿（虽然
人类管那种行为叫偷窃），但是所谓的动物王国和我的区别是如此明显。回
首"非洲闪电号"和"懒蛋大力鼠"施罗德的故事，现在我才明白，那时我在家
里，脑中只盘旋着这一整条思路和一整套问答。我甚至怀疑，这算不算是人类最早和最
典型的一种思想呢？也许它算是一种处于萌芽状态的比较推理吧。那就是我们比所有动物
都要优越。这都是物品之故。

就拿"非洲闪电号"来说吧。我敢在没有任何研究支持的情况下大胆预言：动物们除了当
吉祥物，可能还给造船厂的院当看门狗，没有对这艘船的存在起过任何主动性的作用，连
铆钉那样的微小作用都没有起过，对任何类似"非洲闪电号"的存在也没有起过。它们就
没管过什么钢琴，也没管过什么网和烟囱。什么都没管过。从来也没管过。这不仅仅是因

为动物没有进化出两个对生拇指，不能像人类一样想吃椰子就能把拇指伸进缝里掰开。我可是亲眼见识过了。

事情显而易见：动物从不对物品伸出它们"罪恶的黑爪"，因为它们根本就不在乎。而这还不是人与动物间最令人不安的差异，否则我们宣扬它们是"极简主义者"就好了，这样就可以简单地解释清楚，更何况我们可是相当尊敬极简主义群体呢。最令人不安的，是我们与动物间的这种差异的程度。不必说它们连需要运输的东西都没有，建造"非洲闪电号"这样的船对它们来说简直就是毫无意义，更遑论它们甚至根本就没想过要造艘船。而且根本也没有迹象表明，它们往那个方向动过什么心思。最吓人的是，我们可不止造了一艘，我们造了成千上万艘这样的船。根据国际航运公会的数据，现如今在海上航行着超过5万艘商船，这些船都是为了运送物品。

我们一定是比动物优越到离谱的程度了吧？单凭这个标准，我们和动物之间的比分就是50 000∶0呀，难怪很少有人提起这件事。这么悬殊的比分差距发生在我们身边，科学却同时表明，我们人类的基因与某些动物的基因相似度高达98%，尤其是和猪、黑猩猩。就算再小心翼翼，尽量不把基因核算的复杂工作太过简单化，我也很确定一件事：要是这样的话，那我们字母表上的26个字母也能叫作"莎翁著作"喽？说相似度达98%是认真的吗？而且这都是科学研究表明的。我可没办法看看"非洲闪电号"的造船工，再瞅瞅离我最近的某只"四脚兽"，然后就能决定："下一个最像人的，肯定就是它了。"也许问题就出在对98%的表述上，否则人类对构思、设计、制造、交易、运输、囤积、炫耀和处理我们所有物品的这一整套嗜好，就必然要包含在我们与那些动物之间2%的差异了。这肯定是不可能的吧？还是说，其实这是有可能的吗？

我不得不重新审视自己与物品的关系的根源。先把工具排除，毕竟动物也用工具，这样就把物品总数刨去了一大部分；再摒弃人类对物品的相对需求这种心理学问题，因为我们不需要为了解决问题而去了解它到底是为什么。我甚至在考虑，在与动物做比较时，为公平起见，是不是应该将极简主义者作为人类的代表呢？不过对于极简主义者来说，空旷之地也算物品吧。所以我目前先打消了这个想法。

物品。所有物品。现在离我最近的非工具类物品，是一个水豚木雕。我说不出原因，我就是喜欢它，我喜欢它们。因为我可以拥有它，所以我拥有了它。我猜测，往更深一点的意义上说，它就代表了我的灵魂。它是一个由我自己的观念组成的"大使馆"，是一个代码。想到这一点时我意识到，我在不止一个国家有过类似这水豚木雕的东西。事实上，我的东西散播到了四面八方，因为我一直在往四面八方散播它们。我想，这一堆小小的"大使馆"，就是我步履所及的证明，是我存在过的痕迹，也是我的价值观和趣味的真实写照。也许更重要的是，这是我为其他有类似价值观和趣味的人所设下的信标。因为如果地球上只剩下

我想，这一堆小小的"大使馆"，就是我步履
所及的证明，是我存在过的痕迹，也是我的价
值观和趣味的真实写照。

自己一人，那么谁也不会去造什么复古的胶木收音机了。物品，是我们彼此连接的信标，
它告诉别人关于我们的事情。就像美国国家航空航天局用"旅行者金唱片"在太空里面震
天响地地放歌一样，也是为了能让外星人找到同样喜欢摇滚巨星查克·贝里的人。物品，
就是身份的发射器。

外化的身份，让我们追随，也让他人寻获。

我现在好像突然觉得，我们做的事正是动物所做的，但是我们人类要做得原始太多。人类
粗鲁、破坏性强，既不在乎我们的物品，也不在乎我们的物品所带来的影响，甚至没有真
正用它们传递出什么特别详尽的信息。我们一家人的身份，要靠着将近8 000吨的"非洲闪
电号"才能传递，而对"大力鼠施罗德"来说，身份就是撒泡尿的事儿。我最后养过的那
条狗在草坪上通过一泡尿传递的信息，可能和一整部电视情景喜剧向我们传递的信息一样
多，而且那理解起来还更快呢。

知更鸟迁徙用量子力学导航，熊蜂采蜜靠绒毛探测电场，而人类对自己的东西却一点心
都不上。

与此同时，我的思绪飞回我家，飞回那时，飞回在新家吃晚饭那次的几个月后，我们听到
了汽车在街角相撞的刺耳刹车声和叮叮咣咣声。

"是'非洲闪电号'吧。"父亲咕哝了一句。**N**

公元前34000年
织物

公元前13000年
克洛维斯矛尖

公元前5500年
鼓

公元前2500年
莎草纸

1000年
枪

1761年
经线仪

1796年
健身单车
（动感单车的前身）

1826年
摩擦火柴

公元前176万年
手斧

公元前7000年
鞋

公元前1500年
剪子

1780年
量产牙刷

1856年
塑料

公元前14500年
绳纹陶器

公元前3000年
泥板书

1286年
眼镜

1824年
玩具气球

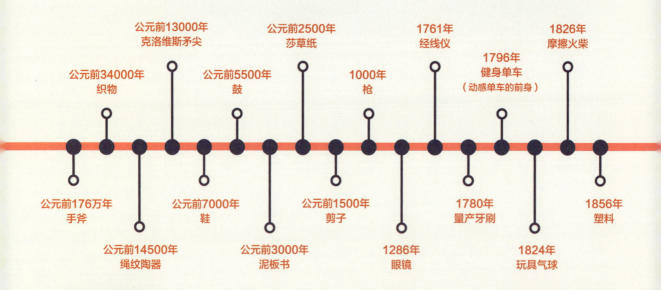

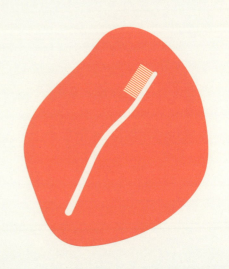

34 件物品说完
世界史

1857年
包装卫生纸

1860年
宠物食品

1869年
挂衣钩

1874年
木制网球拍

1885年
汽车

1886年
电风扇

1890年
吹风机

1913年
家用电冰箱

1933年
"培乐多"彩泥

1943年
"机灵鬼"弹簧玩具

1945年
原子弹

1950年
一次性绿色垃圾袋

1953年
彩色电视机

1954年
太阳能电池板

1975年
笔记本电脑

1990年
瑜伽垫

2017年
指尖陀螺

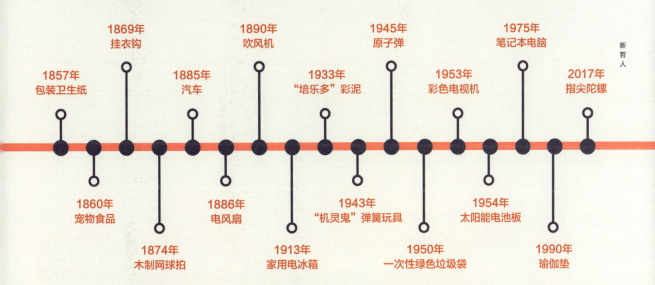

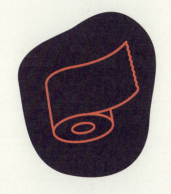
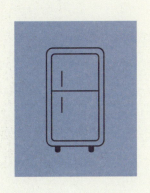

你是收藏家
还是
囤积者？

帕特里克·斯托克斯

我爸爸是个颇实际的人，并不迷信。但他确实立过一个小规矩。要我说，那规矩听着更像反讽，不像句认真的话：我们不能数他的猫头鹰。

他从青年时代就开始收集猫头鹰了。家里的壁炉架上摆满了各种形状、大小、款式和材质的猫头鹰摆件，有顶针大小的彩绘木雕，也有特别威风、一尺多高的金属雕像。我觉着，其实没有多少猫头鹰是爸爸自己买的，一般都是人家送的礼物。以前有一回他跟别人说过自己喜欢猫头鹰，从那之后，它们就滚雪球似的多了起来。我也不知道他到底有多少。他告诉我们，数猫头鹰是会倒霉的。我倒挺肯定自己确实数过，至少有一次吧，但就是不记得到底有多少只了。

新
哲
人

亨利·戴维·梭罗在《瓦尔登湖》中写道，有一次自己去参加一个教会执事的遗产拍卖会，"在他的小阁楼和其他灰脏脏的房间里躺了半个世纪"的物件被邻居们急切地拉走，再放进自家灰脏脏的房间里。真像梭罗说的："人死万事空，徒蹭两脚灰。"

现在这年月，收物件不用非得等那么长时间了。在我住的街区，市政府每年都会组织一次粗大垃圾收集，把放不进普通垃圾箱的超大尺寸或奇形怪状的垃圾都拉走。那几天，满大街都是郊区生活中的隐秘杂物。2017年，我们把一台不怎么用的健身器材摆了出来，街角则有人放了个旧调音台。这种收集有点像一种世俗版的宗教仪式，一段充满仪式性的净化和更新时间。等两脚灰也蹭走了，地方也腾出来了，我们不免发现，其实也不是很怀念那些已经失去的东西。

然而不是每个人都能放弃自己不再需要的东西的。据估计，约有5%的人口有某种形式的囤积行为。这种囤积行为有时是广泛性的，有时则具体针对书籍或动物等。这既不好笑，也绝非无关紧要：囤积会使人变得彻底衰弱和孤立，而且与囤积有关的死亡事件也出乎意料地常见。许多死亡事件因火灾而起，还有过囤积者生病了却因自己家无法让人通行而不能及时获得救助的情况。在报道这些事件时，媒体通常会用一种窥私的口吻，使得悲剧平添一丝侮辱。

虽然囤积也可能是其他问题的症状，但自2013年以来，囤积症就已经在精神病学的诊断宝典《精神障碍诊断与统计手册（第五版）》中有了自己的一席之地。精神分析学家弗洛伊德曾谈到"将发现宝藏与排便联系起来的迷信"，认为人的囤积冲动可以追溯到幼儿如厕训练时期形成的对忍便和排便的态度。这似乎既适于对金钱的吝啬，也适于对无用之物的囤积。我们无须像弗洛伊德那样回溯到久远的婴儿期，也可以看出囤积是种几乎不加任何掩饰的、抵御饥贫与死亡的象征性堡垒。囤积者储备了大量物品以抵御永远不会来临的、只在自己想象中存在的寒冬。

谁也不愿被人看成囤积者，但我们之中的很多人都自诩为收藏家。毕竟，收藏家是爱好者，甚至是鉴赏家，而囤积者则是有强迫症的人，是让人怜悯的对象。我们把收藏家看作一种身份、一个衡量热情的指标，从而指代了在这个世界上看到的各种价值。即使是被弃掉的收藏品，也依然是我们人生道路各阶段中顽固存在的物质路标：它们存在于我尘封已久的童年集币册里（即使其中大部分硬币所属的国家或所属的货币都已经没了），或者存在于我妻子长期未读的那排格雷厄姆·格林的初版书里。我们一直随身带着过去的这些大块实体过活。

然而，收藏家和囤积者间的分界线真就这么清晰吗？像许多英文单词一样，这门语言呼应了中世纪晚期的势利风潮："collection"（收藏）一词来自古法语，那时是贵族的语言；"hoard"（囤积）一词则出现在古英语传说中，用来描述龙看守着隐秘的金银财宝堆，也适于形容其他不可予人的财宝。像《贝奥武夫》中某个角色发言时，我们就会读到，其人正要"启诗言之积藏"，也就是某人（通常为诗人）正要打开[其（所囤积的）]言辞宝库。"积金窖藏"一词看着也很是闪亮，但作为囤积，它的主要力量并不在其组织形式，而在其规模大小。或者说，如果换个盎格鲁–撒克逊字眼来形容，这种宝藏也就单纯是"一堆"而已。

因此以一套让人在直觉上感到满意的叙事来说，囤积者只是在积攒，而收藏家却是在策展。一套收藏，只因由人收集而成，其整体就要比各部分的总和更完整。每件藏品都经人选择，甚至是寻觅才得来的，而非只经简单积累。通过这样的选择，收藏品便在物质层面上体现了收藏家的品位和眼光。且一套收藏一旦成立，就具有特定的完整性，而这是其中的单个藏品本身所不具备的。抽走其中一件，整套收藏就不仅是规模变小的问题，而是会变得不完整。英国散文家查尔斯·兰姆就曾痛斥过"借书者——那帮损毁收藏品的人、破坏书架对称美观的人、搞出残书散卷的人"。

相比之下，囤积只是单纯坐拥数量。它愈发膨胀，却没有获得丝毫完整性，只是体积在增大而已。收藏并非堆积，反之亦然。并且囤积物甚至连实用性都没有：除开囤积者自己的想象，他们所囤积的东西在现实中既不能算库存，也不能算储备。囤积者的标志正是，他

囤积者的标志正是，他们对自己积存的东西没
有真正的使用预期……有用的东西，变成了纯
粹的物质、纯然的障碍。

们对自己积存的东西没有真正的使用预期。曾经可能还算有用的东西，变成了纯粹的物质、纯然的障碍。

但也许并不像我们这些收藏家期待的那样，二者之间能有多么深刻的区别。收藏，毕竟也可以算一种强迫观念，完全就像囤积一样耗时费力。有一句有关电子游戏的营销话术是："把它们一网打尽！"这句话有恶魔般的光辉，正好诠释了让收藏家心痛不已的那种不完整和绝望，而二者的出现正拜此话所赐。或者往好点说，不是它直接造成的，这句话只是把这份不完整和绝望摆到了台面上。收藏家总是不满足于已有的物品，总是在找寻下个可以添加的物品，永不餍足。因为"一网"永远打不尽所有东西。

收藏和囤积一样，也会妨碍日常生活。我有位朋友，曾由于书架空间不够，不得不把书放在炉子里。然而，这可能也是一种完全合理的偏好体现方式。就像鹿特丹的伊拉斯谟那样，先选择买书，如果还有余钱才会去置办新衣。我朋友不是单纯囤积却不关心书籍内容和价值的"藏书狂"，他阅读所得的书籍，就如同伊拉斯谟：

"我认为，爱书人不是把书在储物柜里藏好就从此再不碰触的人，而是那种日日夜夜都在用书的人。他们翻阅书籍，甚至把它们翻旧、翻烂，在所有空白处都填满各种标注。他们喜欢自己擦掉的一处处错误痕迹，更胜于整洁却到处是错的一册。"

相比之下，我怀疑自己也就读过书架上1/3的书，但我经过的每一家书店都不会错过，而且还很讨厌空手而归。我买的书要比将来所需的书多得多，这样的话，我到底算是收藏家还是囤积者呢？

可能收藏家也在建造一堵象征性的墙来抵御死亡吧。他们不断积累和整理自己的宝藏，用这种注定是西西弗斯式的反抗，来抵挡世界的破碎和衰败。也许收藏就是一种囤积，只是比起后者，它记录、保存得更好吧。

不过有些事真的很值得坚持到底。就像爸爸的猫头鹰，在他去世后，我们就将它们搬去和我妹妹一起生活了。她可还没数过它们呢。**N**

求时爱如至宝，获日弃若敝屣。

小普林尼

哲学
活生生

塔玛拉·拉塞尔

哲学
活生生

蒂姆·克莱恩

最喜欢的5本书：
1.《百年孤独》
加夫列尔·加西亚·马尔克斯
2.《撒马尔罕》
阿敏·马卢夫
3.《与死亡共存》
琼·哈利法克斯
4.《美国众神》
尼尔·盖曼
5.《不朽》
米兰·昆德拉

最喜欢的哲学家：
阿尔贝·加缪

最喜欢的名人名言：
隆冬时节终明了，不败之夏
在我心。
——阿尔贝·加缪

推荐的纪录片：
吉普·安德森和基冈·库恩
的《奶牛阴谋：永远不能说
的秘密》

最喜欢的艺术作品：
古斯塔夫·克里姆特的
《吻》

最喜欢的古典乐：
凯斯·杰瑞的《科隆音乐
会》

哲学对您而言意味着什么？
思想可能会将我们带入混乱，哲学
是通过更深刻地理解这种混乱，从
而将意义与目的带入我们生命的一
种方式。

哲学为什么如此重要？
因为作为社会整体的我们已经完全
停止了思考，且无法展示任何理性
或逻辑——我们就像被大众媒体和
广告控制的羊群一样行动。

**在当代社会中，我们所面临的最大
问题是什么？**
科技分散了我们的注意力，让我们
远离自然、远离彼此，耗尽我们的
脑力，并让我们的行为方式违背了
核心的人类价值。

您希望通过哲学研究获得什么？
联系与理解。

生命的意义是什么？
连接与同情。

最喜欢的5本书：
1.《枪炮、病菌与钢铁：人
类社会的命运》
贾雷德·戴蒙德
2.《宗教经验之种种》
威廉·詹姆斯
3.《第一哲学沉思集》
勒内·笛卡尔
4.《莎士比亚十四行诗集》
威廉·莎士比亚
5.《酿酒葡萄品种》
杰西斯·罗宾逊等

最喜欢的哲学家：
戈特弗里德·威廉·莱布尼
茨。他在哲学的方方面面都
有建树，但主要写短文章，
而且他过了充实的一生。

最喜欢的名人名言：
凡事都应力求简单，但不能
过于简化。
——据传出自阿尔伯特·爱
因斯坦

推荐的纪录片：
乔纳森·诺西特的《美酒
家族》

最喜欢的艺术作品：
拉斐尔的《两使徒的头和
双手》

最喜欢的古典乐：
弗朗索瓦·库普兰的《神秘
的街垒》

哲学对您而言意味着什么？
哲学是一种理解"最广泛意义上的
事物"如何"在最广泛的意义上联
系在一起"的尝试(威尔弗里德·
塞拉斯所说)。

哲学为什么如此重要？
因为理解事物这件事从本质上说就
是有价值的，还因为哲学能帮助我
们理解自己在宏观事物发展过程中
的位置。

**在当代社会中，我们所面临的最大
问题是什么？**
贪婪、心胸狭窄和不宽容的结合
体……它以不同方式在不同的地方
展现。

您希望通过哲学研究获得什么？
我希望能够更好地理解现实整体。

生命的意义是什么？
我想生命在总体来说是无意义的，
但每个人可以有很多方式找到其自
身的生命意义。

塔玛拉·拉塞尔是一位神经科学家和正
念专家。

蒂姆·克莱恩是一位生活在布达佩斯的
哲学教授。

克里斯琴·亨特金斯

佐佐木广志（音）

最喜欢的5本书：
1.《老雷斯的故事》
苏斯博士
2.《雄性衰落》
菲利普·津巴多和尼基塔·
库隆布
3.《镜子：照出你看不见的
世界史》
爱德华多·加莱亚诺
4.《最好的告别：关于衰老与
死亡，你必须知道的常识》
阿图·葛文德
5.《北极梦》
巴里·洛佩兹

最喜欢的哲学家：
乌拉圭的爱德华多·加莱亚
诺——他是作家，也是一位
哲学思想的巨子。

最喜欢的名人名言：
如果说个体生命在某个阶段变
得真正成熟，那么当时，此
人一定是领会到了生命展开
过程中的讽刺性，并接受了
在这种矛盾中生活的责任。
——巴里·洛佩兹

推荐的纪录片：
安德鲁·费恩斯坦的《影子
世界：全球军火贸易内部》

最喜欢的艺术作品：
巴勃罗·毕加索的《格尔
尼卡》

最喜欢的古典乐：
莫扎特的《A大调单簧管协
奏曲》

哲学对您而言意味着什么？
哲学是照亮我人生旅途的明灯。

哲学为什么如此重要？
因为哲学给了我们所有人一个机
会——考量与我们一切所为相关的
价值与道德。

**在当代社会中，我们所面临的最大
问题是什么？**
目前，无论是有意还是无意，核灾
难所造成的人类灭绝风险都是我们
最大的问题。

您希望通过哲学研究获得什么？
有时心灵会与我们的灵魂过于割
裂，而哲学将它们重新黏合。

生命的意义是什么？
去爱，去感受奇迹，去欢笑，这样
我们就可以给后来的人留下更美好
的人间。

最喜欢的5本书：
1.《蒙田随笔集》
米歇尔·德·蒙田
2.《水泥地》
托马斯·伯恩哈德
3.《莫洛伊》
萨缪尔·贝克特
4.《迷惘》
埃利亚斯·卡内蒂
5.《奥斯特利茨》
温弗里德·格奥尔格·塞
巴尔德

最喜欢的哲学家：
古代的是爱比克泰德，
现代的是克尔凯郭尔，
后现代的是福柯。

最喜欢的名人名言：
你们每个人都自性自足……
但还可以再点滴精进。
——铃木俊隆禅师

推荐的纪录片：
戈弗雷·雷吉奥的《失衡
生活》

最喜欢的艺术作品：
歌川广重的《东海道五十
三次》

最喜欢的古典乐：
拉赫玛尼诺夫的《第三钢琴
协奏曲》

哲学对您而言意味着什么？
哲学是我最爱的一种逃离"自动驾
驶模式"的方法，否则我们都会被
堵住。

哲学为什么如此重要？
哲学通过让思想变得有趣来提供意
义；它显现那无形的，它言说那无
言的，它思索那之前未加思索的，
还有……它描述、分析和解释"良
好生活"。

**在当代社会中，我们所面临的最大
问题是什么？**
长期无知、狂妄自大与欲望无节制
的可怕交集。

您希望通过哲学研究获得什么？
减少苦难、增加幸福，并帮助别人
也如此行事。

生命的意义是什么？
我不知道。但我以"生命的目的仿佛
就是创造和追求意义"的方式行动，
这种行动方式看来需要服务他人。

克里斯琴·亨特金斯是英国一家医疗中心
的全科医生合伙人。

佐佐木广志是美国加利福尼亚州西来大学
的心理学系主任。

活在物质世界中

○━━○

受访者 | 蒂姆·卡瑟　　采访者 | 赞·博格

蒂姆·卡瑟，诺克斯学院心理学系主任、教授，美国心理学家和作家，以其在物质主义和幸福感方面的研究工作而著称。卡瑟撰写并出版了许多有关物质主义、价值观、目标、幸福感和环境可持续性的科学文章和图书。他著有若干图书，其中包括《物质主义的高昂代价》、《心理学与消费文化：在物质世界中为美好生活奋斗》、《应对环境挑战：人类身份的作用》以及《超级资本主义：现代经济和其价值观以及如何改变它们》。2003年，卡瑟因其"有助于更好理解生活质量问题的实质性研究"被国际生活质量研究学会任命为特聘研究员。2002年，美国图书馆协会将《物质主义的高昂代价》一书评为2002年的"杰出学术图书"。

赞·博格：我们生活在一种痴迷于物品的文化中，但物质主义倾向又被普遍认为是一个负面因素，这是为什么呢？

蒂姆·卡瑟：我认为这种矛盾心理反映了人类思想和人类文化中某些相互抵触的倾向。一方面，最早一批哲学和宗教等方面的著作，比如苏格拉底、老子、穆罕默德和佛教的著作与《圣经》等，都向人们表明物质主义是相当有问题的，它将吞噬有意义的生活的真谛，将取代精神之修为并排挤掉"真"。我们可以看到，这一点在许多思想，尤其是西方思想中刻下了深深的烙印。另一方面，人类还同时存有一种与此抗衡的倾向，我想这一定也能追溯到那最早的人类时代。如若不然，老子为什么会批判物质主义呢？这一种倾向就是，人类是很注重地位和金钱的。

您在《物质主义的高昂代价》一书中，让大学生提前写下几个月后的目标，并评估实现这些目标后的幸福感。在此过程中，他们必须记录自己实现上述目标的进展情况，以及他们当前的幸福感水平。您的此项研究得出了什么结论？

照片 | 蒂姆·卡瑟　摄影 | 彼得·贝利（拍摄于诺克斯学院）

我们所做的大多数研究都将金钱、形象和地位等物质主义性质的目标，与我们所说的内在目标进行比较，比如个人成长、与亲友的关联，以及对社群的贡献等。通常我们会着眼于此：相较于那些内在目标或某些精神性目标，一个人在其生活中的物质性目标上会投入多少努力，他们对这些物质性目标有多么重视，以及他们的目标或价值体系在多大程度上是围绕着物质主义的。而我们在自己的研究以及其他多项研究中发现，如果人们的价值体系或为实现目标所投入的努力，在较大程度上是以物质主义性质的价值为导向，则人们往往倾向于报告较低的生活满意度、幸福感和自我实现水平，这些人也往往出现更多抑郁和焦虑情绪。他们还更易在每日记录中报告自己较少体验到快乐和满足，而较多体验到焦虑、悲伤和愤怒，以及更多的头痛、胃痛、背痛或类似的躯体症状。这是个颇为牢靠的研究结果。自2002年我们的那本书出版后，已经有几百项研究探讨了人们的物质性价值观与其幸福感之间是如何产生关联的。两者的相关性不能说很高，却始终存在，并且始终呈负相关。不只是大学生，在许多不同人群的样本中都是如此；也不只是美国，在许多不同国家都是如此。

如果使我们幸福的不是财物，那又是什么呢？还是说，无论我们追求的是财物还是开悟，幸福都难以把握？

嗯，我的确认为幸福是难以把握的。但研究也确实表明，另一些价值，即那些内在价值，才是与人们的幸福感呈正相关的生活目标。至少当我们成功实现这些目标时，两者是呈正相关的。我也说了，我们多年来所研究的内在价值，主要是人们对自我成长与自我悦纳的重视，对归属感与保有亲密关系的重视，以及对我们所说的社群意识的重视（也就是说试图为某些超越个体自身范围的东西做贡献，比如社区中的其他人、更广阔的世界或其他物种）。我们的研究表明，当人们优先考虑内在价值时，往往会报告拥有更高水平的幸福感和更低水平的痛苦感。但这也是有限定条件的。我们在一些研究中发现：如果你重视这些内在价值，且在追求它们的过程中获得了成功，那么你的幸福感就会升高；如果你重视它们，却没有在这些目标上取得多大进展，那么你的幸福感实际上会降低。与之相反，在物质性目标上获得成功或失败，对于幸福感来说其实并没有多大影响。物质性目标的实现与否和你的幸福感并没有太大关系，但内在价值的实现与否对你的幸福感是有绝对影响的。所以从我们的角度来看，为了过得幸福，最佳组合就是尽可能不重视物质性价值，而把生活主要集中在你的内在价值上，然后构建一种以后者为导向的生活。这样就能很好地帮助你在这类目标上获得进步。

为什么有些人是物质主义的，而有一些人却不是呢？执着于获取物品背后的动因又是些什么呢？

我认为消费无疑是导致气候变化的巨大因素，研究也证实了这一点。

我们这些年的研究确定了两个主要根源。第一个主要根源很明显，就是社会示范。有确凿证据表明，当人们在其社会环境中接触到的信息，表明实现物质主义是一个需要为之奋斗的重要目标时，人们就会变得更加物质。我们观察到，人们的物质主义水平与其父母、朋友的物质主义水平，以及与他们对电视商业广告的接触程度呈正相关。第二个影响人们是否追求物质主义的主要根源是我们所说的不安全感或威胁。几项不同研究都表明，如果人们年纪尚轻时就接触到具有威胁性的环境，或者在实验操作中被唤起某些具有威胁性的记忆，那么他们就会更加注重物质主义性质的价值观。例如，相较于温暖和鼓励性的家庭气氛，在父母相当冷漠和具有控制欲的家庭中长大，就会使人形成物质性价值观；父母离异的情况也会让人与物质性价值观产生联系；如果被人唤起有关自己死亡的想法，也会加强这种物质性价值观；而想象恶劣的人际关系，比如某些总是批评你的人，往往也更容易加深物质性价值观的程度。

我想知道广告商的目的之一是否就是想让我们这样思考。

绝对是的。有很多广告同时包括了物质主义的这两个主要根源。他们说"你不够好是因为你很难闻、没人爱你，或你还没有证明自己成功了"，然后他们说"如果买下这个产品，你就可以变得更好、更惹人爱、更成功"。所以，很多广告融合了威胁途径和社会示范途径。消费资本主义也使用了这样的组合。在澳大利亚和美国这种非常极端的消费资本主义文化体里，人们往往会与其社会安全网割裂开来。也就是说，人们会与本来能给人提供安全感的更广泛的社区支持和家族支持割裂开来，再加上所有那些诸如企业被收购和个人失业之类的担忧，所以在消费资本主义的经济和结构中会出现许多威胁。与此同时，社会上被奉为成功者的往往是财貌双全之人。很明显，我们还会通过广告接收到各种各样有关物质主义的信息。而我们从政客那里得到的，也是"股市表现如何或今年GDP（国内生产总值）的走势如何才最重要"之类的信息。因此，消费资本主义中的这种威胁加社会示范的组合，也有助于解释为什么研究表明，在拥有更极端形式的消费资本主义国家里，其国民也更倾向于物质主义。

我们已经谈到了一点有关消费主义的心理效应。关于这个，我们现在面临的主要问题之一是，随着我们新发现的这些惊人的生产、消费和丢弃能力，环境也正在遭受破坏。我们对此能做出什么改变吗？还是说，我们正处在环境破坏的崩溃边缘？

我觉得如果继续走现在的路，那么我们确实是处于崩溃边缘了。我认为消费无疑是导致气候变化的巨大因素，研究也证实了这一点。我们也不要忘了还有物种灭绝的问题。我们正处于地球的第六次物种大灭绝中，还有污染问题等。这其中很大一部分是消费主义和经济增长的拜物主义导致的。顺便提一句，研究也不断表明，无论是在个人层面还是在社会层面，物质主义性质的价值观都与生态环境恶化有关。所以很明显，物质主义是造成当前生态破坏的原因之一。如果我们一条道走到黑，那么是的，我们会有大麻烦的。至少我们的子孙会有大麻烦的。

我不想像个坏了的唱片机似的，来来回回只重复这几句。但如果问题就出在价值观，也就是说我们认为金钱、经济增长以及企业利润之类的东西更重要，那么我们也应该通过价值观来解决问题。一套什么样的价值观才不会让我们误入破坏生态的歧途呢？研究再次表明，当人们把生活重心放在内在价值上时，人们的行为往往会更具生态可持续性。他们不那么在乎是否拥有大量物品，并远离过度消费，因为他们满足于使自己感到满足的活动，而这就是我们称之为"内在"价值的原因。所以对我来说，问题就变成了如何把人们的焦点从那些物质性价值转移到内在价值上。一部分是生活方式的问题，所以我们就要考虑怎样带着价值观消费。每个人都要买东西，所以让我们来买那些能可持续利用的东西，来买那些能支持平等的东西，等等。我们在投资上也可以做同样的事：可以投资那些更具可持续性的公司和共同基金，奖励那些支持内在价值的公司，而惩罚那些更具物质主义倾向的公司。

在生活方式层面，我认为还需要更多地关注"慢生活"和"自求简朴"。证据表明自求简朴者以及工作时间缩短且收入减少者，其生活更具可持续性。所以，这些都是我们可以做出的一些个人选择。但是同样，个人选择可能不足以避免生态灾难的发生，绿色消费只能让我们做这么多，自求简朴也只能让我们做这么多。我们还需要转变商业的运作方式。对我

新哲人

我们正处于地球的第六次物种大灭绝中……其中很大一部分是消费主义和经济增长的拜物主义导致的。

来说，问题又一次变成：一个企业是主要关注利润上的物质性价值，还是可以重视其他种类的目标？

让我们来想象一下，假使您在政策变化方面有最终的控制权，并且可以实施这些政策，以协助解决您迄今发现的那些消费主义所带来的挑战，您又会做出哪些改变呢？

我要做的第一件事就是禁止向12岁以下的儿童做广告。所有的证据都表明，向这个年龄段的孩子做广告，基本上就是不道德的。因为这个年龄段的儿童没有足够的认知能力，搞不清楚什么是所谓的劝说型意图，也不明白广告是在操纵他们，而且其自我身份也在形成过程中。所以我认为如果我们能禁止针对儿童的广告，不仅是在做一件效果立竿见影的好事，也是在部分降低儿童被社会化后倾向于物质主义的程度。研究表明，美国青少年的物质主义水平正处于历史高位。而从珍·特温吉和我收集到的一些证据上也能看出来，这种增长部分是由美国文化中广告的普及程度所致。

因此，我会禁止针对儿童的广告，这将是我要做的第一件事。我要做的第二件事是，我认为在美国，我们至少需要一个"宪法第二十八条"修正案，使列举在宪法里的权利能明确：这些宪法权利是给予人民的，而非给予公司的。我想，通过减少商业性的权力，将实现某些跨度很大的进步。我要做的第三件事是立即改变我们用来衡量进步的指标。可以有很多不同的替代方案，像不丹这样的国家，以及佛罗里达州的杰克逊维尔和加利福尼亚州的圣莫尼卡等城市，都已经在使用了。衡量进步的指标包括经济议题，但也要考虑到其他，比如幸福感、生态可持续性和平等状况等。我要做的第四件事，就是停掉广告的税务冲销。当前在美国，可能在澳大利亚也是如此，企业花在广告上的任何款项都被认为是合法的商业支出，而且不需要纳税。我会以30%的"价值污染费"对其进行征税，然后用这笔钱来支持促进内在价值的项目。我要做的最后一件事，是提一提增加育儿假和病假。至少美国在我看来是个完

所有的证据都表明，向12岁以下的孩子做广告，基本上就是不道德的。

新哲人

全不文明的国家，因为我们的政策是给生孩子的女性12周的无薪假。但很多人，尤其是那些贫穷的父母，根本就请不起这个假，因为他们承受不了那么长时间没有收入。我想如果我们把这一点改过来，让女性和男性都有机会享受带薪的产假和育儿假，这将是一个非常明确的价值信息，会让我们掉头驶向正确的方向。这些将是我的政治议程上的5件头等大事。

关于最后一个问题，我想回到本期的主题，那就是"物品"，我们能否逃离自己的物品呢？

我想这是两个问题，即我们能否逃离我们的物品和我们能否逃离我们对物品的欲望。我们能逃离我们的物品吗？不能。我们是物质性的存在，有衣、食、住、行等需求，鉴于我们的生存状况，完全逃离物品是不切实际的。我们能逃离对物品的欲望吗？我想答案可能也是否定的。我觉得，在人类的心灵深处，有一种深层次的东西会促使我们把目光投向某个物品并且说道："哦，那个好酷，我想要拥有它。"我在自己身上就看到了这一点，而且我研究与物质主义相关的问题已有20年了。但我认为我们可以做到的是，认识到我们的生活质量其实并不完全取决于我们拥有多少物品，是否拥有最新款的物品，以及是否总要追求更多的物品等。我着实认为，如果愿意，我们就会认识到，自己能够逃离被物品俘虏的境况。我们可以让物品成为一种只在"做必做之事"时才为我们所需的东西。

这么说吧，我常对人说，金钱可以解决金钱的问题，但真正的问题都发生在大家试图用金钱去解决无关金钱的问题之时。金钱可以帮助我们解决温饱问题，但当你试图用它去解决爱情或自尊的问题时，你就是在用金钱做一些其力所不及的事情，这是行不通的。还有一种思考方式就是，想想佛祖的做法吧。他获得开悟，所需要的只是一个能坐的地方。现在如果要冥想，某些公司会告诉你，得买冥想枕、冥想带、冥想裤和冥想香之类的。但你真的一点都不需要那些东西！我们的确很容易对这种说法买账，从而认为自己也需要那类东西，而这正是我们要逃离的。这是心理上必须发生的变化，我们要认识到：我不需要物品来解决我生活中的所有问题。我想这就是我们能过上更好、更平衡的生活的方法，而在这种生活方式里，物品只是我们生活的一部分（它肯定得是一部分，因为我们是物质性的存在）。但物品不能消耗我们的生命、占据我们的生活，更不能超出它"应守的本分"。◼

脑子里满是

占有，

最让人无法活得

高尚

且

自由。

伯特兰·罗素

作者 | 彼得·斯特雷恩
作品 |《伯特兰·罗索》

奴役物品

○━━━○

奥利弗·波克曼

有件事特别地明显，几乎明显到不言而喻的地步，那就是——世界由两种东西组成，一种东西的内在有生命，另一种则没有。人类，估计再加上某些动物吧，是有思想、情感和意图的，而汽车、台灯和花生酱罐子则不具备这些。我每天似乎都要花很长时间来否认这件事，而且我对待无生命体的做法就好像它们有思想似的。鉴于世界上这种两分的事实如此显而易见，我的上述行为就变得很奇怪。我总疑神疑鬼，觉得写这篇文章用的电脑一直在蓄意破坏我的工作；也爱咄咄逼人，与难撕的包装和顽抗不肯开的番茄酱瓶争执；众所周知，我还会苦求车子，劝阻它们不要在陡坡上熄火；心里更对不止一台自动售货机存着积年宿怨。

我承认，我也不是真正相信这些东西能有什么恶毒目的，但我肯定是按照它们好像真有恶意似的来采取行动和体验情绪反应的。而且，并非只有我一个人如此。美国讽刺作家拉塞尔·贝克就写过"所有无生命体的目标都是抵抗并最终打败人类"，以此描述被他称为"抵抗主义"的那种朴素哲学。面对那些在一木一山一暴雨中都感受到生命、灵魂的传统文化，我们这些具备科学素养的发达经济体居民，可能有时不免表现得高高在上。但我们与他们，其实也并不存在什么天壤之别。

乍观之下，这种把意图和情感赋予纯物质性物品的倾向，好像是一种非理性的直接表现。但得提一句，这其实只是个严密的一致性推理问题。毕竟我是通过我的电脑或那些有"坏心眼儿"的自动售货机的外在行为，推断出它们的内在态度的。要想解读我们人类同胞的内心状态，同样也只能靠这种方式。我们每个人都只能直接碰触到一个（自己的）心灵而已。所以，当你观察到我在明显的绝望中啜泣或在明显的喜悦中大笑时，你只是通过类比来推断我的情绪。因为绝望或喜悦，都是你在做这些动作时，你（自己）的感觉。（最起码我们似乎能设想一种"其他人事实上真的没有思想"的情况：也许你就是宇宙中唯一存在的意识体，而其他人只是些特别能唬住人的机器人而已。）我们的社会生活完全依赖于人类这种能从行为推断出内心状态的天赋，因此我们发现自己也会对物品做出同样的推断，这也就不足为奇了。物品那些或顽固或不可预测的行动，正与我们最恼人的老相识——人类所做的如出一辙。

若非因为我们处于如今这个时代，这些想法可能都只是种有趣的心理怪癖而已。物品裹挟着我们的技术，被人设计得愈发能诱使我们将其当作有内在生命般看待。的确，它们并不像过去几十年的科幻作家所想象的那样，看着就像人类。部分原因是所谓的"恐怖谷"现象，就是说，与拥有几乎近似人类的外表却又不完美的机器人互动时，我们会对其产生强烈的怪诞感和厌恶感。但是，实际上人们几乎无法不把语音控制的智能个人助理联想成，好像有个"小人儿"被关在智能手机里，或被困在厨房台面上那滑溜溜的发光圆柱里。除了外观，它们与我们生活中其他人之间的主要区别，就在于其只为满足我们的每个欲望而存在，或者至少是为了满足那些可以使跨国公司赢利的欲望。

而麻烦就此开始。因为事实证明我们也许尚未做好心理准备，还无法与这般模糊人类和非生命体界限的设备共同生活。根据主流的伦理学方法，这是心灵产生了关键的道德差异：将有内在生命的存在当作"物"来看待是错误的（喜欢用斧头劈柴没问题，但喜欢劈别人的头骨就不好了）。其中最著名的当数伊曼努尔·康德的论断：把我们的"理性存在者"同胞仅仅当作自己达成目的的手段，这是不道德的；他人的存在自身就是目的，也必须被如此看待。视别人如纯粹的"物"是错误的，不仅因为这伤害了他们，也因为这败坏了我们：奴役，"非人化"了奴隶，也同样"非人化"了奴隶主。这就引出了一个始终盘旋在人类脑海中的问题：我们作为人类，生活与设备关联日深，也被鼓励着将后者视同拥有内在生命的人类一般，但我们又同时仅仅把设备当作达成自己目的的手段，实际上又导致了将其视作自己私奴的结果，而这又会对我们造成什么影响呢？

硅谷投资人和企业家亨特·沃克看到自己4岁的女儿与（亚马逊公司的）智能个人助理互动时，一叫"亚历克萨"，它就会回应，因此对于该怎样回答上述问题，早早便有了些许心得。"它很神奇，"他写道，"但它也把我的孩子教成了个坏蛋。"养育一个4岁孩子，要付出很大努力来训练其不要对人粗鲁地吆五喝六，然而这恰恰被设计成这类设备的运作方式：它就待在那里，随时准备服从你的命令，却从不指望你说一声"请"或"谢谢"。"从认知的角度讲，我不确定小孩是不是能明白，为什么可以对'亚历克萨'颐指气使，却不可以对人类这样。"沃克写道，"这起码也成了某种模式和强化，只要发音对了，你就可以肆无忌惮地得到自己

想要的东西。"他建议此类设备设计一种儿童模式，使"亚历克萨"处在这种模式时只有听到（礼貌的）"魔法咒语"才会遵从其要求。

这也许会有点用吧。但是，就算被人礼貌地称呼，奴隶依旧是奴隶。而且你无法想象会有哪一家公司能推出某种设备，让它有时只为努力维护自身的独立性就拒绝你的要求，或者提出自己相应的抗衡性要求。毫无疑问，更容易想象到的是：社会越来越习惯于把电脑看作无偿的人类奴仆，以致社会成员可能会发现，很难用同理心对待其他人。

达到一定复杂程度后，我们的设备完全有可能拥有内在体验，至少几位著名的意识哲学家是这样说的。（或者说它们已经做到了，对此我们真的能百分百地肯定自己看得出来吗？）这将带来深刻的伦理挑战：如果你的笔记本电脑突然拥有了感情，你是否有义务像对待自己的邻居，或最起码像对待自己的狗一样，以同等程度的伦理考虑去看待它？但谈到使用这类设备的用户有可能被"腐蚀"掉同理心时，可以说设备内在发生了什么并不重要：因为一旦某个设备先进到看着就像拥有心灵的唬人程度，那我们就会本能且不可避免地把它当作"有心灵"来对待。

然而如果要选，我们不如把这一切当作一个警钟，别给自己机会，别让那种对我们的设备以及对其他人的不人道态度冒头。而且要记住，除了自己的内心，我们其实对任何人或物的内心世界都知之甚少。（既然我对自动售货机的情感的推断似乎很可能是错的，那么我对其他人抱着敌意的推断是否也常常不对呢？也许我之前觉得是故意毁我计划的那个粗鲁同事，只是那天倒霉不顺而已。）如果我们不想搞得更糟，不如采取这样的态度：也许我们身边的每件物品，实际上的的确确拥有内在生命，值得我们尊重，甚至值得给予敬畏。哪怕只是以一种好玩的实验性精神来这样想呢？对我们的智能手机、汽车和厨房家电采取这种态度，也许最终无法从它们的"内心"得到任何佐证；而且从结果看，它们可能也不会因此就开始好好表现，不再让人失望。但是，我相信这样的态度一定能让我们成为更加善良和快乐的人。**N**

物品的定义
Stuff / stʌf /

名词：

1. （正为说话人）所提及、指示或暗示的特定或不确定种类的物质、材料、物品或活动；
2. 一个人的财物、装备或行李；
3. （英式英语，过时、非正式用法）：没有价值的或愚蠢的想法、言论或文字；垃圾，例如"胡说八道、言之无物"；
4. （非正式用法）酒类或毒品；
5. 一个人所知和所经历的事物，一个人的专业领域；
6. 某事物或某人的基本成分或特征。

起源：

中古英语（指做衣服的材料），为古法语"材料、设备"（estoffe）、"装备、布置"（estoffer）的缩写，源自古希腊语"聚在一起"（stuphein）。

○━━○

来源：《牛津英语词典》

贩卖童年

加里·克罗斯

玩具，尤其是大卖的那些，都与现代消费者的"添加"冲动有关。

年纪尚小时，我们像学习其他很多东西一样，学习关于物品的知识。大人为小孩提供玩耍的对象，以培养其创造力，而且常常是通过角色扮演类游戏。然而往往在不经意间，这些玩耍之物就把我们带入了现代消费文化。消费品，对儿童和成人来说都不仅仅具有实用性，还给他们提供了成为社会部落一员的资格，揭示和塑造了他们的志向，有时还象征着成年送礼者对于其自身童年的回忆及其对现今孩子未来的展望。鉴于这些"小孩玩意儿"的多种意义，家长和儿童专家长期以来一直在争论，不管是玩偶、积木，还是玩具手枪之类的，某些特定的玩具是否符合玩具的"合适"标准。位于美国纽约州、专注于儿童与游戏的斯特朗国家玩具博物馆，是"国家玩具名人堂"的所在地。我作为玩具名人堂的评选委员会成员，每年都要考虑某个特定的玩具是否真正只与玩耍有关。我认为很多玩具，尤其是较为大卖的那些，都与一些非常不同的东西有关，那就是现代消费者的"添加"冲动。这是一种要集全一整套物品的欲望，且常常取决于制造商，其目的就是销售一大套物品。例如"把它们一网打尽"这句时髦口号，正是外国人偶制造商劝说年轻消费者的话术，让他们严格按照这句话来收集人偶。

似乎每一个成功的玩具概念最终都会走向系列化。几年前，《纽约时报》请我评论一则关于某国制造的玩具因安全问题被召回的丑闻。当时让我大为震惊的却是，名单囊括了56种不同的"波莉口袋"（八宝盒）玩具、11种"狗狗日托"玩具、5种"蝙蝠侠"人偶、42种"芝麻街"玩具和10种"爱探险的朵拉"玩具。如今我们发现，在基础版的玩具之外没完没了地售卖添加版，已经成了一种完全自然的商业模式，即使这些额外添加的玩具与抚养儿童或想象力游戏的任何公认标准都扯不上关系。

虽然单个的"通过仪式"型玩具，早已成为许多人成长中的一部分（想想洋娃娃房或ＢＢ

枪），但这些玩具缺少了现代营销中的一个基本要素——重复销售。如果乐高坚持采用普通的锁扣塑料积木来吸引中产阶级家庭的男孩（这些男孩的父母正设法使其替换掉泛滥于20世纪60年代的玩具枪），那么它肯定没法在丹麦比隆创建起它的商业帝国，更不会有主题公园。在基础玩具上进行添加的花招已经存在了一个世纪或者更长的时间，特别是1906年的"泰迪熊狂热"带来的毛绒动物玩具潮的爆发。和其他的潮流品制造商一样，玩具制造商长期以来也面临着一个问题，就是要在一贯变幻莫测的市场中创造出稳定的销售流。某种时尚也许能流行一段，但总会消失，而玩具公司必须克服其行业的季节性（美国的玩具销售量在圣诞节前后增至最大），解决方案包括：重新包装经大浪淘沙后胜出的市场赢家，广泛投放大量广告（尤其在20世纪50年代初以后的电视机上），以及直接吸引孩子本身（而非迁就几十年来一直在为普通木头积木而争论的家长或幼教工作者）。

玩具制造商还向儿童行为的观察者学习。长期以来，小孩都会收集自己周边的物品，尤其是生活贴近大自然的孩子，而早期的儿童研究专家，如心理学家格兰维尔·斯坦利·霍尔就在1900年左右观察到了这一特征。在20世纪50年代我还是个小男孩时，不知为何就曾收集马栗，用酥油给它们抛光，还试过收集蝴蝶。但是，在20世纪30年代结束前，玩具制造商就已经意识到孩子也会从商店货架上收集东西，并开始投放一些廉价的玩具士兵和娃娃，以激发孩子的"收集本能"。销售商随后更进一步，意识到可以将可拓展的玩具系列，变成一种集体性奇幻文化在实物上的体现。新的点子是，诱导儿童用道具来扮演在商业媒体上介绍过的流行故事中的角色，而这就需要购买某个特定玩具公司的产品系列。这种销售策略随着20世纪初大众媒体的扩张而大大兴起：电影日场连续剧如《飞侠哥顿》，儿童午后广播节目如《巴克·罗杰斯》，以及以动作英雄为主角的漫画书，每一种都保证会有玩具或人偶系列来搭配。

这种"（产品）线"的概念，即便没到"成瘾性"的地步，也因其"（可）添加性"占尽了优势，而到了20世纪80年代末，这几乎成了玩具营销的普遍打法。引领这股授权热潮的就是《星球大战》正传三部曲，它们为儿童提供了重演"卢克·天行者"和"达斯·维德"间恩怨所需要的人物、车辆和武器的微缩模型。与过去的玩具收集系列不同（像玩具士兵或挪亚方舟玩具套装之类），《星球大战》的玩具给予了孩子一个不与成年人分享的世界。此外，政府于20世纪80年代放松媒体管制要求时，出现了"节目同时长广告"动画，直接推销起新的玩具系列来。现在是动画未动，玩具先行，与以前正相反了。回想一下《宇宙的巨人——希曼》和《小马宝莉》就知道。虽然在促进收集奇幻角色的文化方面，今天的电子游戏和互联网已经部分取代了周六晨间儿童动画所起的作用，但那股"添加"的冲动依旧存在。

当然，这种现象已经超出了实现利润最大化的企业所能支配的范围。成年人似乎越来越需要定期向后代"播撒"礼物，而且随着时间推移，他们已经放弃了通过"改善型"礼物来塑造儿童发展的老派文雅目标。那种礼物往往是基于他们自己的童年回忆而选择的。相反，成年人现在通过礼物满足了儿童参与基于消费或媒体的"同伴文化"的欲望，而成年人对这种文化几乎没有控制力，甚至都谈不上了解。在某种程度上，这不仅反映了儿童奇幻文化产业中的"花衣魔笛手"在赢得年轻人青睐方面取得了成功，还表明父母对用自己过去的那套价值观来指导子女未来的做法，也失去信心了。

可以肯定的是，孩子们找到了玩这些玩具的方法，并且有时还挺有想象力的，而非只使用事先设定好的那些商业性的"人物背景故事"。玩具可以为孩子们提供对未来的憧憬，而不仅仅是逃避现实的幻想。有很多好玩具就是给孩子们提供了一个机会，让他们能处理好自己在能力有限和无能为力之间的

正如"狄德罗效应"一般，往玩具箱中添加更多东西，往往会降低旧物的吸引力。

感觉。问题在于，玩具所蕴含的"乐趣"已经变成了"接受"最新款人偶、动作角色或其他什么东西，并将它们"添加"到孩子的收集品里，而不在于真正地"玩"。

收集的动力来自很多方面，但是这种欲望最终来自，孩子们意识到收集在某种程度上就是"不完整的"——如果"它们"都被"一网打尽"了，往往会以不满和无聊告终。而且正如"狄德罗效应"（出自法国哲学家狄德罗的一篇文章，描述了一件新的卧室用品是如何使其他家具都显得破旧和需要更换的）一般，往玩具箱中添加更多东西，往往会降低旧物的吸引力。这就会产生一种速抛式的消费文化，使我们没有时间去品味或享受自己所拥有的财产。许多人，比如让·鲍德里亚，都认为收集是幼稚的终极形式："对小孩来说，收集是他们对外部世界施以控制的最基本的方式，而这些方式有摆放东西、将它们分组并处理它们。"

尽管如此，我们也不能指望孩子们用体育营、音乐课和手工课来填充他们的空闲时间。儿童的物质文化是我们广义的消费文化范围内的一部分。那一堆幼稚的玩具积累品，就是人一生中那些塞得过满的车库和乱放在书架上的小摆设的起点。那堆东西不仅向我们说明童年和孩子们的小玩意儿都已经变了，而且向我们说明自己也变了。**N**

四种思考

①

汤姆·查特菲尔德

汤姆·查特菲尔德是一位作家、广播员和哲学家。

②

唐·拉斐尔

唐·拉斐尔是一位屡获殊荣的编辑及作家。

③

安德烈·陶

安德烈·陶是《新哲人》杂志的副主编。

④

玛格丽特·吉布森

玛格丽特·吉布森是一位大学讲师及作家。

---

①

存在即购买

汤姆·查特菲尔德

你最喜欢的广告是什么？小时候，我在电视上看过一则广告，是一辆红车和一辆蓝车在赛车。直到现在，一想起它来，主题曲的旋律还回荡在我的脑海里（"红车蓝车，来场比赛，红车只想，胡吃海塞……"）。那是关于巧克力棒的一首广告歌，其实我尝过才发现不爱吃，但开始时还是央求父母买了。它也成了理所当然永存我心的一部分，在大多数事情都被我遗忘以后，它的旋律还印在我的脑海里。

广告改变了我们。它教给我们，我们应该想要什么；它教给我们，"想要东西"就是人们在做的事。自从有了小孩，我对这一点更是深有感触，尤其是在我3岁的儿子一字不差地说出些他从未见过的产品名和广告语，现在拼命管我们要这些东西以后。我儿子在看的电视节目，有一半只是为了卖玩具，而我们却要用一整个房间来堆放这些塑料玩具产品。话说回来，我和妻子也用了一整栋房子，堆满了我俩曾几何时可能想要的东西。现如今，我花在扔东西上的时间和买东西的时间一样多，说得再好听些，也只能说是在为物品的下次大肆涌入腾些空间而已。

有一位广告行业的朋友这样向我解释大公司在广告上不吝巨资的原

人们会被他人的行动深刻影响，并据此推断什么是自己该采取的行动。

因：仅仅靠突出地公开宣示某件产品的属性这一件事，比如巨大的广告牌、光鲜的电视时段、高级杂志的版面、鲜亮的色彩和朗朗上口的歌曲等，就等于在宣示，这些公司正信心爆棚地教育消费者——"想要这产品"就对了。当然了，只有你的产品真正值得吆喝，才不用日复一日地向全世界吆喝吧？

心理学中有一种"社会认同"现象，有助于解释广告在决策中的地位。我们在诠释这个世界时，并不单单依靠感官，即不单单依靠那些我们所看到、听到、读到、触到、尝到、闻到或记住的东西，我们还深受"相信'他人之所信'"这件事的影响，尤其是对于我们无法直接体验或无法确定的事。

在拥挤的剧院里看到别人正疯狂地跑向出口，就会带动大多数人认为自己也应该这样做。他们几乎不假思索，就把自己的行动建立在"相信'他人之所信'"这件事是正确的基础之上。如此一来，他们自己也逐步成为更多其他人所相信的"可信来源"的一部分。

有时我们对"他人之所信"所抱持的信念是错误的，比如有的人从来没去过剧院，就会把疯狂的奔跑理解为一种游戏；也有时"他人之所信"的内容本身就是错误的，但我们还是一如既往地全盘接受它。比如有的人加入了一群人的行列，直愣愣地盯着空气，其实什么也没看，只因为某个人恶作剧般地挑起了这股风潮。

社会认同又被称为"信息性社会影响"，其核心就在于"假设"与"实际"之间的张力。人们会被他人的行动深刻影响，并据此推断什么是自己该采取的行动，但这种推断其实丝毫不能动摇他们自己内心真实的想法。影响者与被影响者都有可能以双方无法解释的方式行事。多位旁观者可能在紧急情况下，全都没能干预成功，把彼此的不作为视作一种"没有人需要行动"的信号。从个人的角度看，每个人都认为应该有所行动；然而聚集在一起，他们却变得无能为力。

HERNEMAN

"好神奇！我每买一个没用的玩意儿，它就'哔哔'一声呢！"

我们与广告及物品间的关系就有点类似于这样。制造商、演员和公司高级管理人员这些卖给我们产品的人，一般也并不相信他们做的东西真像自己宣称的那样不可或缺或不可思议。除非是三岁小孩，否则他们的受众也并不是真的相信了。然而每个人都推断出：基本上，随波逐流就没有问题。于是欲望与抚慰交替循环。存在，即购买。

无奈的是，我们对多多积累东西的胃口是远远不可持续的。几乎每个人都会这样积累，或者希望自己能负担得起这种积累。然而，这是一定要付出代价的。教人们如何舍弃生活中的杂乱的书与技巧的市场都已经兴旺起来了，这股风潮真是太过自我讽刺。我们能在一起学会变得"想要有所不同"吗？这取决于我们愿意在多大程度上挑战公共空间和媒体对我们说的那些有关我们的内容。大家完全可以继续做那些没人真正相信的事，而挑战就在于如何说服大家，我们其实也可以做些"与此很不相同"的事。

②
我们的物品讲述着我们生命的故事

唐·拉斐尔

我们所拥有的物品讲述着我们生命的故事，而且很可能比我们自己讲得更清楚。它们要么被看作实用物件，要么被看作悦目珍玩。当然，两者兼具最好。然而随着时光流逝，攒下的东西也随之有了情感的重量。它们意味着我们走过的地方、建立的功业，也意味着我们的价值观与历史。我们的家里，也满是自己做出选择后获得和保留的东西。

对于经验来说，语言是种极不完美的翻译。任何言说出来的理由或动机，任何标注出来的情感，都是不可信的。我可能会说"我喜爱这个""我鄙视那个"，但这些语句都是粗略和近似的。无论我表达什么，都被有意、无意的欲望和否定遮蔽，都被我对自己的信念遮蔽，无论我希望这信念是什么。

我们最真实的生命，寄身于字与字之间的空处，无法把握。回忆会改头换面，情爱也是如此，我们的物品却看着就很稳固。并且矛盾的是，物品其实也很让人联想到内在的生命。正如一首歌能带我回到17岁那年又潮又闷的夏天，一种气味能把我送进母亲的怀抱，一只陶瓷杯同样能立刻带我回到母亲那位于美国中西部的厨房里。说到这只杯子，我在母亲去世后从她的柜子里将它拿回。一般人看到这只陶瓷杯肯定会毫不犹豫地扔掉，对我来说，它却是无价之宝。它不仅散发着所盛饮料的香气，还散发着我们在一起的那40多年的味道，充满了一种难以言喻的味道。

如果你曾负责把已故父母、手足、爱人或朋友的家收拾干净，你就会识出那种独特而缄默的愤怒。这个人，曾经那样活力充沛，现在却不在了，然而那个难拉开的抽屉柜、那张粗腿的桌子都还在。肉如果你曾负责把已故父母、手足、爱人或朋友的家收拾干净，你就会识出那种独特而缄默的愤怒。

体没了，但衣服还在；双唇没了，但玻璃杯还在。人啊，现已在黄土之下，阴阳两隔，却曾收集了这些坚固的物体，触摸、使用过它们，给它们带来了凹痕、碎片、裂缝和布料上的破口，带来了一丝呼吸上的小小扰动。甚至有人可能会说，人是通过纯粹的感知改变了物体。我们自己的理解力，是由个人私密的历史与生物性的事实，由文化与继承，以及由感官的限制所塑造的，所以当你直面物体时，它也并非就那样坚实。

那么我们要留下些什么？又要把哪些送人？有些东西会随着年头儿增加而增值，有些则会变成垃圾。家庭和个人的纪念品，承载了我们所说的情感价值，但也包含了义务（你不喜欢那套茶具，却又不能丢弃它）。如果在旧货店门前经过时，我们无从了解这些旧货以前的主人，只能想象他们的生活，抑或尽量不去想象，那么我们的目光又会落在哪里呢？如果这是家高端牌子的奢侈品店呢？我们的选择并不理性。物品，即使是精品，也没有任何不可改变的价值。它们的价值包括材料、劳动以及功能性。但同样重要的是，我们投射到物品上的任何东西，以及我们认为它又如何反映在我们身上，赋予我们何种地位或身份——某种群体的成员资格，就算这个群体是由节俭的买家或不在乎品牌的人组成。如果这是件衣服，它的剪裁是否暗示了成功？它能否衬托出我们的身材？它的颜色是否适合我们的肤色？它能否让我们"绽放"？如果它曾是某人的心头好，我们又能否察觉到别人残存于这件物品之上的那一丝福分？

"亲爱的，你听我解释，一开始我们只是在做图灵测试……"

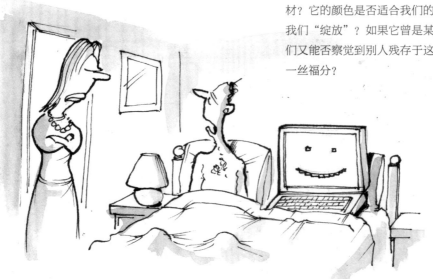

HERNEMAN

人们争相购买名人弃物。电影明星大卖旧衣做慈善，对他们来说是一举三得：服装、魅力和做善事的印象。如果某人在拍卖会上竞得杰奎琳·肯尼迪的手表，不仅是购买了一个计时工具，更是购买了一段真实和构想的历史。这是种通过接近代理品来接近物品主人的行为。就手表而言，也许还会有人争辩这是一种投资，但又如何解释斯嘉丽·约翰逊用过的脏纸巾（已拍卖售出）和布兰妮·斯皮尔斯那几个可以在网上买到的嚼过的口香糖呢？从逻辑上说，再进一步就是身体部位了。以前曾长在活人身上，而现在不再是了，比如约翰·列侬的臼齿（2011年在英格兰卖到了1.9万英镑），还有大卫·鲍伊的一绺头发（2016年在贝弗利山庄卖到了1.8万美元）。

人的身体部位，也曾生机盎然，弥漫着神秘的力量。想想宗教遗物，比如圣人的指骨，再想想我们收起的孩子的乳牙，还有像战利品一样漂在罐里的胆囊。无论它们是神圣的还是有情感的，抑或是圣洁的、亵渎的，甚至是诡异的，从根本上讲都与我们自己的物品所牵涉的东西一样——联结。在这一瞬，时间冻结了，或者说不再存在。界限也变得模糊。死亡和年龄也失去了支配的力量。

但这当然是个骗局。因为风继续吹，地球也依旧转。每个人都会离开我们，而我们自己也会离开，不仅在人生的终末，而是日日都如此。永恒的真理支撑着我们。但是，物品提供了些许可爱的尘世慰藉，让我们此时此刻，能暂时抓住些什么。

③
为将来
准备的东西

我在约翰·古尔扎里家的客厅里坐了一个多小时，他突然跳起来，从房间里冲了出去。约翰是1999年逃离阿富汗的哈扎拉人，我一直在采访他，为的是写作一部记录人们在澳大利亚移民拘留中心的经历的口述史。约翰的房子里家具简陋，是阿富汗风格，不设桌椅。在铺着地毯的地板上，我们就坐在垫子上，其间约翰向我讲述了他十几岁时独自逃离塔利班的经历。

约翰回到客厅，手里拿着一盘旧录音带。他说这是他来澳大利亚时身上带的为数不多的东西之一。录音带里录了哈扎拉歌手达伍德·萨尔霍什的一首歌。用约翰的话说，"这是一首关于故乡的歌。唱着我们人民的哀愁。哈扎拉人一生都是难民，在阿富汗备受忽视"。

约翰要求司机播放这盘录音带，车子正载着他们向小渔船驶去，那艘船即将从印度尼西亚冒险穿越到澳大利亚。海上波涛汹涌，约翰也不会游泳。他对司机说："被淹死之前，我想最后听一次这首歌。"就这样，车继续向海驶去，这位印度尼西亚司机，加上一车哈扎拉乘客，听着这首吟唱失落家园的歌。"那是一个很重要

安德烈·陶

> 成为难民意味着经历了一系列深远的损失。你失去了家与国，也许还失去了家人、职业或语言。

的时刻，"约翰说，"它让我感到自己与故乡相连。听着他的声音，那迷人的歌喉，我用心感受它，这就像我的遗愿。"

与难民和寻求庇护者交谈时，我总是对他们所带的物品感兴趣。毕竟，成为难民意味着经历了一系列深远的损失。你失去了家与国，也许还失去了家人、职业或语言。因此，在这种不确定的旅程中，人们选择带或不带什么东西，最能说明问题。

如果不得不寻求避难，你会带些什么呢？当然得是一些实用的东西。比如衣服和钱，如果可以，还要带一本护照，以及一部手机，以便与带领越境的走私者联系，还有为将来，或至少是为自己想象的将来所准备的东西——写在一张纸片上的地址，一本即将用到的新语言的词典。

另一位接受采访的难民是莉娜，她全家从伊朗逃到叙利亚。战争爆发之初，他们还在叙利亚。"你正四处走走，打算买点东西。"莉娜说，"人们在卖东西，比如饮料什么的，一切都挺好。突然，回到同样的地方，它们完全变了，全都塌了。"莉娜和家人不得不经常搬家，会花上几年的时间寻找安全的地方居住。

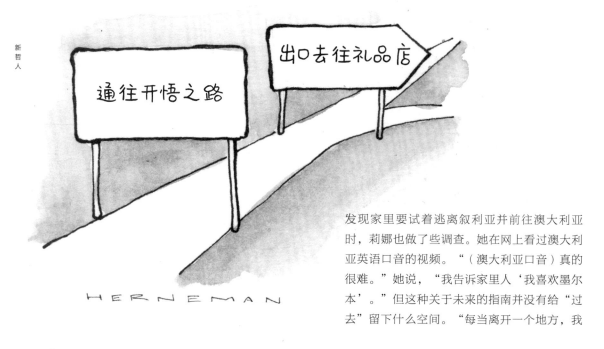

发现家里要试着逃离叙利亚并前往澳大利亚时，莉娜也做了些调查。她在网上看过澳大利亚英语口音的视频。"（澳大利亚口音）真的很难。"她说，"我告诉家里人'我喜欢墨尔本'。"但这种关于未来的指南并没有给"过去"留下什么空间。"每当离开一个地方，我们就不得不放弃一切东西。我不得不扔掉很多喜欢的东西，从小到大的所有东西。"莉娜说带着照片和生日礼物这类东西逃亡是不可能的，就连她的笔记本也不例外："我喜欢写东西，我喜欢读阿拉伯语诗，所以我的笔记本里有很多东西。"

她还只是个青少年，就不得不做出可怕的计算：抱持的这份过去以危害自己的未来为代价，是否值得？"剪掉我们生活中的照片、我们所爱的人的照片，这不免让人难过。但安全比照片更重要。在那紧要关头，它们对我来说什么也不是，我只想要安全。但我们到了这里安全后，我又想：'为什么要那么做？为什么要把它们扔掉？'"

回到约翰在墨尔本郊外的家，他给我看了他保存录音带的地方。房间里堆满了他过去的东西：他在拘留所里遇到的人用手写的纸条，还有他在通往安全之地的这一路上所经国家的货币。

如今他仍然在听那首歌。他说，那首歌让他回到了祖国的和平时代。"它让我回想起曾经生活过的地方、故乡的平静生活，回想起我的家人、近亲、部落成员和亲戚，还有和母亲、父亲以及手足共同享受的那些时光。而他们中的一些人，再也回不来了。"

④
我们身后留下了什么

玛格丽特·吉布森

我们身后留下的残存痕迹，已经从在时空上基本离散的实体物所形成的社会史，扩展到了在空间上抽象、在时间上复杂的数字产品。二者共同组成了因某人逝去而传承的责任，以及其潜在遗赠所带来的经济与情感"股份"。迈克尔·哈里斯在《缺失的终结》中指出，生命始于计算机和数字媒体网络出现之前的那一代人开始离世了。互联网、电子邮件、手机及其内部数据等数字事物，对于那一代人来说，几乎或根本没有产生过深刻的传记性或记忆性意义。这是正在逝去的一代，也代表着一种正在逝去的生活方式。在这种生活方式里，把实体照片放进相册或摆在家里，才是人们共同创造记忆的惯常做法，才是一种与他人的记忆和影像共栖的生活。

我的父亲直到很晚才接触到网络和电子邮件，后来我把在他去世前我们父女互相发过的那为数不多的几封电子邮件打印出来。从数字到实物的物质性转译，是这些数字残片得以存在的唯一方式。我在那个时候用的电子邮件账户其实早就没了，电脑和软件也都被淘汰了。是模拟物"拯救/保存"（save）了我们之间这段简短的数字关联。

数字时代预示了多作者创作的分布式对象的到来，它们体现在日弗洛伊德提示我们，"哀悼"既是一种体力劳动，又是一种困扰我们的心理模式。它在我们心中，通过我们自身来处理那丧失了的对象之"表象"（心理图像）。

常往来中发送的短信或表情里，体现在社交媒体上一起创造的共享故事里。因为不同于空间中的实体对象，社交媒体上的数字对象缺乏分离边界，已经具备了一种"无（物）主"的状态。我们在社交媒体上的生活是一种分布式的共享记忆档案，缺乏单独宣示的可容纳性或可占有性能力。然而，数字数据的创造和分享，最终是属于媒体公司的。在这种数字、个人、社会和记忆资本的系统性混合中，那些媒体公司才是最终的保管者。

凭借电脑、手机、平板电脑、社交网络和网站，"数字居所"掌控了我们在这个时代的存身之处。当全世界数十亿人每天产生数字记忆和痕迹时，在个人电脑、手机、社交媒体账户和网络世界的数据流所形成的宝库里，人的生物性存在也被一种数字生活的延续性大幅超越了。我们身后的数字生命，以字面意义上的"字节"和"碎片"形式成了某种"救赎"，就好像生命片段能在世界各地那些不计其数的数据库中被"拯救/保存"一样。

人类现在比以往任何时候都变得更难以消失，更难以安顿好自己的数字事务，也更难以将生物学意义上已逝的家人安置于某种象征性的长眠之地，同时要杜绝有人用自动化算法修复他们的影像，或让他们的影像再次"动"起来。每个社交媒体平台的算法所策展出的回忆和家人、朋友们在社交媒体网络上主动进行的回忆，都可能在亲友最不期待或最不想看到的时候，将有关逝者的记忆重新带到网上。对那些受悲痛影响最深的人来说，这可能会是种很大的刺激。（但我们也并非全然不考虑，那些偶尔出现的通过他人主动回忆及算法自动回忆而生成的受欢迎且感人的"死者复生"的时刻。）

消费资本主义的矛盾就在于，其鼓励我们想要某样东西就买下，但又鼓励我们从之前购买过的符号、身份、记忆和情感资本中脱离、撤资，以便替换、更新和紧跟潮流。这种投资与撤资、依恋与脱离的循环性价值观，严重破坏了我所说的那种处理死亡和丧亲之痛时的"可持续性回忆"，因为它需要一段较长时间的活动。物品，需要在家中、在衣柜里，或在我们的身体上"存活"够长的时间，以便人们深层的情感价值能够附着，并能延续到未来。到了那时，它们才可以变成一种在不经意间翻出后用以寄托哀思的东西。

弗洛伊德提示我们，"哀悼"既是一种体力劳动，又是一种困扰我们的心理模式。它在我们心中，通过我们自身来处理那丧失了的对象之"表象"（心理图像）。在"成功哀悼法"的治疗性诊断中，要把深刻依恋的所爱对象（尽管一般也不可避免地会对其爱恨交加）之上的强烈情感力量逐渐剥离。在这个过程中，哀悼者终于认清了现实：失去的就是失去了，再也不会回来了。

"不是我说……浮士德博士，你一
个灵魂也换不来这么多吧？"

"别在你们家里放任何不知道做什么用或觉得不是很好看的东西。"

威廉·莫里斯

"磨砺自身品格才是我们的职责……所有外物，无论是统御、囤积，还是建设，至多只是微不足道的附属品和道具而已。"

米歇尔·德·蒙田

"它做了所有广告该做的事：创造出一种可以通过购买来缓解的焦虑。"

大卫·福斯特·华莱士

物 品

"人类这种动物就是种会死的兽类，一有钱就会买买……"

田纳西·威廉斯

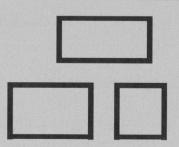

"哎，少即是多呀，卢克雷齐娅：我被审判了。"

罗伯特·勃朗宁

"如果你老是坐着看书，那就不怎么消费了。"

阿道斯·赫胥黎

"如果我就是我所占有的东西，那么失去了所占有的这些后，我又是什么呢？"

艾里希·弗洛姆

"过犹不及。"

孔子

"这种为我们自己……取得财物与所有物的欲望……是无法满足的、恒久的、普遍的，且直接破坏了社会。"

大卫·休谟

"一旦人被卷入了物质世界，万中无一，再没有人能有时间……为了他们自己去研究哲学概念的有效性了。"

F.S.菲茨杰拉德

"（他们中的）任何人不得拥有除绝对必需品以外的任何私有财产。"

柏拉图

物　品

"世界说道：'你有欲求的话，那就满足它们吧。'……结果就造成富人的孤立与自裁，穷人的妒忌与谋害。"

费奥多尔·陀思妥耶夫斯基

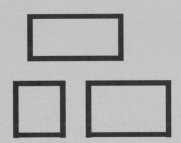

"腾出家具而不是塞满它们，才能把房间布置得豪华无比。"

弗朗西斯·茹尔丹

"什么是愤世嫉俗的人？他们知道所有东西的'价格'，却不知道任何东西的'价值'。"

奥斯卡·王尔德

"颤抖呻吟着坚信自己需要更多东西的人是不会富有的。"

波埃修斯

"我们看到的世界就是商品的世界。"

居伊·德波

插画｜斯塔夫罗斯·达莫斯

狗与倒影

○━━━○

塞缪尔·克罗索

选自塞缪尔·克罗索在1722年的作品《伊索寓言与其他故事》

有条小狗，搞到块肉，

嘴里叼起，穿过小溪，

水面清清，明镜堪比，

小狗倒影，映入水里；

它以为是，另一条狗，

也有块肉，衔在嘴里，

克制不住，待我抓你，

结果松嘴，肉掉水底；

贪婪动心，总是不够，

最后两头，不占便宜，

到嘴的肉，沉水埋泥，

再也不见，后悔不已。

寓言在现实里的应用

试图捞取超乎自己本分应得的人，就活该失去自己已经拥有的。然而，没有什么比这种自私的原则更普遍、更有害了。从国王到农民，人人如此，所有阶级和阶层的人都或多或少沾染了它。伟大的君主也都像这则幽默寓言一样，被贪婪引诱着，伸手想要统治邻国。他们并非想要更多东西来喂饱自己的奢欲，而是为了满足自己对虚荣永不餍足的胃口。如果波斯诸王能满足于自己的辽阔疆土，也就不会为了希腊一个小小国家而失去整个亚洲。法兰西也是，拥有这许多荣耀，之前却也同样被自己不义的侵占行为害到最终走投无路。

睹物明人

○━━○

受访者 | 塞缪尔·戈斯林　采访者 | 赞·博格

塞缪尔·戈斯林是得克萨斯大学的心理学教授，也是《窥探：睹物明人》一书的作者。他的研究兴趣，是通过得克萨斯大学的GozLab实验室来探索人类以外动物的"人际"感知、个性和气质，还有互联网研究方法。

赞·博格：您的书《窥探：睹物明人》，关注的是我们如何根据别人的物品来形成对他们的印象。在研究中，您真如书名的字面意思那般，去"窥探"了人们的物品：在床底下捡拾，在衣柜里窥探，在音乐收藏里翻找。您是如何进行研究的呢？又是如何让人们同意您这样做的呢？

塞缪尔·戈斯林：事实上我发现，当我谈到去翻检别人家里的物品，这听着就是件怪事。我们真的只是想看看真实的人的物品，而不是某种对于这些物品的不自然的重建，只是想看看人是如何摆放自己的东西的。人们凭直觉以为，你可以从别人的生活空间中了解到很多信息。但在我们进行此项研究之前，的确不能确定是否如此，也不能确定如果其为真，那它又拥有哪些类型的特征。回顾研究，当然会发现一些东西，但我真的不知道从四处去看人家东西的行为里，能了解到多少关于人家的信息。如您所想，这是个规模相当大的研究：把一个评委团队请到80多间卧室里，而评委和这些空间的主人没有进行任何直接接触。在征得这些空间的主人同意的过程中，我发现了一

新哲人

○　88　　　　　　　　　　　　　　　　照片 | 塞缪尔·戈斯林　摄影 | 安德烈·勒鲁

些奇怪的反应。比如，要是我说"嘿，我们能不能来窥探窥探你的东西，看看根据它们，其他人能对你产生什么样的印象，行吗"，他们马上就会说"不行，你们不能进我的房间"，然后又会说"等等，这可能挺有意思的，那就看看人们是怎么看我的吧"。所以，直到研究结束以前，一直有人请求我把他们也纳入实验，因为他们想知道自己给人留下了何种印象。我想我们在很多情境下都能碰到这种情况，这就好像是在说："你想不想知道同事、朋友或家人是如何看待你的？"

您通过研究人们的房间或办公室来研究人格的本质，那么这项研究的目标又是什么呢？

我们的目标是找出这些类型的环境之中包含多少信息。当然，我们有理由相信信息不会太多，也有理由相信信息会特别特别多。所以得遮住空间主人的名字，保证此项研究的匿名性和保密性，以确保评委只能利用该主人所处空间里的东西。我们也把这些空间里所有有人物的照片给遮住了。因为我们知道有研究显示，人会只根据别人的长相就形成印象。我们想要确保评委不会只根据照片就形成某种印象。但我们也没把照片挪走，因为让人印象很深的是，在自己空间里摆放的那种私人照片太容易帮助判断了。人们可以有各式各样的照片。这又是个大家没有真正思考过的问题。我问人们为什么要在空间里放自己的那张照片，他们则一般会给我一个完全语焉不详的答案，比如"我喜欢呀"或"有人发给我，我就摆出来了"。但如果你想想，你有成千上万张自己的照片，但只有这3张是摆出来的。

哪类物品最能说明我们自己和他人的情况呢？在强调我们是什么人或我们怎么分析他人时，哪些物品可以说是起到一锤定音的作用呢？

我认为很多物品都可以做到。很明显，那些能让我们有很多选择性的物品就可以。这一切都取决于你所处的环境：如果你在某人的办公室里，那空间中的家具可能就不能说明什么，因为它们是制式办公家具。所以最能揭示人们本性的，其实是那些我们能够行使个人选择权的东西，尤其是当我们选择的"语言"能被目标受众理解时，更是如此。如果走进十几岁学生的房间，我就无法理解其中的很多文化符号，以及他们在屋里摆那种东西的意义。所以，这取决于不同群体与受众的情况，但重点就在于，要有那种能勾勒出丰富人生色彩的灵活性。它可以是音乐，但有时人很难"看"到屋里有音乐。如果你有台唱片机，那就比一个MP3播放器更容易让大家看到这一点。

您写到的是一种特殊的"窥私"行为，并称之为"窥探学"，而且您讨论了其他人如何也能成为"窥探专家"的问题。

这当然只是一个玩笑式的术语，只是试图把研究中得到的一些经验总结一下而已。但我认为，从某种意义上讲，其实我们一直都在"持续形成印象"，而只有我们感到惊讶的时候，持续形成印象这件事才会显露出来。而通常来说，我们对此并不感到惊讶，这才是问题所在：我们认识某个人、进入他们的空间，这些都不是很稀奇，所以我们甚至没有注意到，自己其实一直都在对他们形成印象。而这种不惊讶的原因，是人们的个性的确与他们拥有的空间种类有关。但我们只有在感到惊讶时，才会真正注意到这一点：你认为自己是了解某个人的，然后走进他们的空间，却发现和你所预期的完全不符。"你会惊讶"这一事实就说明了，其实你一直都在这样形成印象。但实际上，直到有些地方与你的期待相悖，你才意识到，自己一直在这样形成印象。

那么这些是人向自己和他人所发出的信号上存在的差异吗？

一点没错。甚至可能都不算刻意的信号，只是行为残留或类似的什么。你觉得谁很常规、传统，结果走进他们的空间就"看"到各式艺术用品、晦涩的音乐、前卫剧里的怪装饰。这些东西可能就突然改变了你对他们的看法。

我想问一个关于送东西当礼物的问题。显然，我们自己拥有的物品会说明很多关于自己的事情，因为我们自己就是做选择的人，但如果家里有很多东西都是别人送的，那么对于涌入家里的那些没法选的东西，我们又能做些什么呢？

这里就得谈一下关于"可持续性"的重要问题了。在传统上，人们会通过赠予物品来表达自己对某人或诸如此类的事物的钦佩或关心。这已经成了一个主要论点。当然，其实这种传统大部分是由制造这些物品的人鼓励出来的。但我认为，即使是那些并非我们自己所选择的东西，仍然可以有所意指。这就

解释任何孤立对象都很危险，你得寻找模式和主题以消除任何单一事物的歧义。

"太累了！血拼的我们和血汗工厂的工人也差不了多少吧？"

HERNEMAN

是为什么我让人们在"窥探"的时候，要非常谨慎地解释任何一个单独的物品。我想我在书中提过这一点，但这是一件会经常发生的事。人们会告诉我，他们在某人家里看到某样东西，然后问我："那个是什么意思？"其实就像您刚刚的话里暗示的那种理由，很难解释那个东西可能会有的含义。即使你发现一条绿色的塑料鱼摆在某人的桌子上，它也并不一定就意味着什么。因为正如您所说，它可能是别人送的礼物。所以，"它在那里"这件事无法反映主人对鱼或类似东西有所喜好，而是反映此人"爱着"那个送来此礼物的人。这就是为什么解释任何孤立对象都很危险，你得寻找模式和主题以消除任何单一事物的歧义。

所以，他人送的这些礼物有时会带来很尴尬的社交场面，得想好怎么处理。你可能出于礼貌想要展示它，但它可能会威胁你已有的身份形象。我不知道您的情况，但当我租到一辆不符合自己形象的车时，就会感觉自己像个骗子，还想告诉别人，我不是这样的。我开着它四处转悠时脸上都带着愧悔的神情，仿佛在说："嘿，大家伙儿别误会，这真不是我喜欢的车型！"

我们能够逃离自己的物品吗？

也许能吧，但我不确定我们是否真心想逃离它们。"自我验证"理论表明，我们本质上是希望被他人了解的，这只是让彼此的互动更易进行和更好预测。所以我认为，我们希望自己的物品能给别人传递印象，也能让我们与自己的过去联系起来，这是很重要的。我想，在极端的情况下，就好比现在有这么多难民在迁入，他们一定已经决定好了要带什么东西逃难，因为真的带不了太多。我觉得，最后带着一起走的东西，应该是绝对实用的必需品吧。但我也猜想，那些调节自己情绪的东西（比如亲人和重要地方的照片，诸如此类的东西），以及那些能保持自己的身份并向他人表达这一身份的东西，即使按照纯实用价值，这些种类的物品被人保存的时间也会比想象中长很多。

对难民来说，这一定类似于人的房子被烧毁时，那种东西都化为乌有的感觉。当一个人的物品都消失了，这会对他产生什么影响呢？无论是作为难民被迫离开祖国，还是自己的房子被烧成灰烬，如果我们的身份与自己的所有物紧密相关，以上两种情况又会对人造成什么样的影响呢？

我还没有研究过那样的情况会造成什么影响。但我预测，在很大程度上，这将成为这些事件所造成的部分创伤。现在确实有人表示，他们所在空间里的物体会制造一种"惯性"，使你很难更新自己的身份，从而成为不同的人，放轻松地做一些事情。所以当你搬到一个新城市，在某种意义上它也代表着一个类似于重塑自我的机会。而这并不意味着不真实，因为我们的身份确实会发生变化。我们会从非父母晋升为父母，或从无业族变成上班族，或从修道者变成无神论者，抑或相反。所以我们的身份并非是完全固定的，而且在某种意义上，我们也确实需要更新身份。而物理上的转变即是促进身份更新的事情之一。但我可以想象，如果这些变化并非出于自愿，就像自己的房子被烧毁或自己成了难民一样，那么我得预测，这将是创伤所造成的一个非常严重的部分。

我还有最后一个问题，有关我们可以在多大程度上控制自己向别人发出的信息。我们会围于自我及自我的选择，还是能通过自己对物品的选择，来改变别人对我们的看法，以及我们对自己的看法呢？

是的，我认为我们可以改变别人对我们的看法，这是很有可能的。我想这可能是我们做这件事的主要机制之一。但重要的是，我们得明白，即使我们用这些物品来做这件事，也几乎不是孤立进行的。它是与物品结合在一起完成的，而物品可能是实现一些行为变化或者提醒我们这些变化的手段。比如，如果你是一个最终接受自己新的性取向的人（你有这样的认识，并决定了"是的，这就是我"），并在性取向方面生成了一个新的身份，那么你可能就会开始拥有与所从事的活动相关的物品。或者你可能会去新的地方开始，所以你的穿着打扮会与这些地方相关联。你也可能会投身于不同类型的活动，在这些活动中有不同的物品与之相关，比如和新的一群人一起从事运动之类。这些物品既能让你做出这些改变的行为，也能提醒你，自己的行为要改变了。

所以从某种意义上说，把这些物品仅仅看作待在你空间里的东西，是有点无意义的，因为它们既具有功能性又具有象征性，而这才是它们变得重要的真正原因，因为在你的生活方式和所从事的活动中，物品与其中那些真正的差异是密不可分的。🅽

ORIGINAL

SALE

EXCLUSIVE

SPECIAL OFFER

25% OFF

FREE

SALE

新哲人

商品化世界

达蒙·扬

图中英文依次为九折、超棒、特价、原版、新品之意。——译者注

我12岁的时候，就有人跟我讲过"猖獗的消费主义"。也许是聊股市"黑色星期一"时挑起的话头，当时的道琼斯指数跌去了近1/4；也许是说起有车的熟人又买了辆新车；也许只是我自己幼稚的执念——永远在等新款变形金刚或漫画书。

消费主义，与贪婪或虚荣有点关系。它似乎成了"美国主义"的同义词，而且绝对是风评变得越来越差了。一个明显的事实就是：消费主义是坏的。30年过去了，这句话仍在流行，然而对其批评的激烈程度，与这类批评的模糊程度正相匹配。究竟什么是消费主义？为什么它是错的呢？

消费本身的存在是必要的。我们作为动物，要消费才能生存。循环往复地与环境互动，一直持续到我们死亡，然后即使没了我们，消费也会继续下去。这样是徒劳的。这种持续劳役的感觉使人疲于奔命，而且终无所获。这就是为什么古希腊的贵族哲学家反对奴隶无止境的辛苦劳作，只为了让公民能持久取得成就，因为只有自由人才能留下些什么。古希腊人的"必然定数女神"阿南刻，就是这种观点的代表：阿南刻既无祭司也无庙宇，因为她对于凡人的请求漠不关心。正如罗伯托·卡拉索在《卡德摩斯与哈莫尼亚的婚姻》中写到的："充耳不闻人类的祷告，那么谁还会再向她祈求呢？"

经济虽不指向这种生物性需求，但同样是必要的。我们的许多基本需求，都得通过买来的商品和服务才能得到满足。诚然，经济制度因时而异、因地制宜，我们没有必要亲自跑去当封建主或资本家，但也不可能通过某种方法，跳出这个世界所局限的范围。最恼人的是，即使对市场进行抵抗，也得有个市场来推广这种抵抗的主张。

因此，消费并非本身就是腐败或堕落的，也许消费主义就是指买的东西多过自己所需要的。这似乎是个合理的定义。但"需要"一词的定义，在最好的时代也是很宽松的。纯然满足我们动物性胃口的，是生存，而非繁盛。但许多文明中最有价值的部分，看着似乎都是"多余的"，比如艺术。承认艺术家的才华和辛劳，花几千块买上其一幅画，这算是消费主义吗？如果消费主义是很坏的，那么它一定不是只超越了我们的有机性需求。

同样，消费主义确实与购买太多有关，但这个"太多"往往是我们自己认定的。人们说起某人是消费主义，往往是指比他们自己买得更多的人。"太多"的问题在于，比起地球上的其他很多人来说，发达国家人民的生活方式确实是奢侈了。

消费主义还涉及"过度"的概念。如果让我在自己的购物清单上画出一条线，然后宣布任何超出这条线的东西都属于"猖獗的消费主义"，又不能这样简单粗暴地下定义。最起码，我必须解释为什么我的购买习惯是健康的，而其他人的购买习惯就是不健康的。

有些人将消费主义与物质主义画等号。他们说，人沾染上消费主义，就会病态地迷恋物品。这种说法的难点就在于，无论消费主义是什么，它都可以同样适用于服务：即使是最便宜的邮轮假期，价格也能抵上10台新电视机或20支名贵钢笔。换句话说，所谓的"体验经济"同样可以是很消费主义的，但它对财物没有什么兴趣。

因此，不能把消费主义简单地定义为对食欲的满足、过度购买或对无用之物的执着。最好是能将它理解为，一种看待世界和看待我们自己的方式。有些理论勾勒出一幅图景，在这幅图景中，我们不是碰巧随便消费的公民，而是作为消费者存在的。经济交易是我们彼此之间、我们与世界之间的联系方式。换句话说，没有"社会"，只有"市场"。在市场中，个人之间或竞争或串谋。在这里，只有交换价值才有意义：这种象征性的价值，除了与其他商品有关，与任何东西都无关。包括人类在内的所有存在，最终都因其可售性才存在。这些存在也并非过程，而是都关联在一个复杂的宇宙中。它们只是些物品，只是些小点、颗粒、斑块。

这种观点有个最明显的问题——它是错的。以语言为例子：正如路德维希·维特根斯坦在《哲学研究》中所指出的，私人语言是荒谬的。这是因为使用字词不仅是为某种意义"找到"一个声音或标记，而是要懂得如何"使用"此声音或标记。在学会叫一个东西的名字之前，儿童必须认识到，指着一种颜色并发出声音，就是一种"命名"行为。教育就是关于发现这些公共原则、指导准则和经验法则的。简单地说，语言需要一个说话者和解读者组成的共同体，而消费主义却否认这一点。

这一点也适用于维系社群的物质流和能量流。消费主义使用着这些东西，但并不承认它们拥有除可买卖性以外的任何属性。世界变成了阿兰·盖尔在《虚无主义公司》中所形容的"一台服务于人类目的的巨大机器"。如果这看起来还只是漫画似的描述，那就来听听有关"外部性"概念的经济学探讨吧。例如，地球的大气层被视为碳污染的免费垃圾倾倒所谓的"体验经济"同样可以是很消费主义的，但它对财物没有什么兴趣。

场。然而，这种错觉使得许多现存物种，包括我们智人自己都身陷险境。一个纯粹由购买者与被购买者组成的宇宙是虚幻的。

由此可见，消费主义不仅虚假，而且危险。正如哲学家科内利乌斯·卡斯托里亚迪斯所言，民主与官僚制度都是种发明。我们必须重新审视自己的建国理想、日常习惯，以及压抑与升华的冲动；我们必须把自己放在"括号"里暂时括起。这就必须有集体性的行动：通过多元的视角创造出一个新的"我们"。市场逻辑使我们与这些民主的职责疏离了。如果我们被纯粹定义为消费者，就无法再认可自己的共和政体："共和国"一词本来就是从词源"公共事务"发展而来。市场逻辑下的政治，与其说是不可能的，不如说是不可理解的，因为它根本就没有意义。消费主义剥夺了我们的权利。

生态系统和工人的活力也一并受到了威胁。我们作为消费者，看不到产品的来源和目的地，它们就神奇地作为某种新生事物到达市场。没有过去的开采和劳动，就没有未来的遗弃。于是，古老的荒野消失了（《当代生物学》杂志的一项研究表明，仅20年就消失了10%），工人们在生产昂贵的牛仔裤时勉强维持生计。而据估计，正有5万亿件塑料制品在海洋中漂流着。无论商品是货物还是服务，破坏都会发生。无论哪种形式，都存在着全球范围内的掠夺、匮乏和浪费。

消费主义没有减缓，而是加速了这种破坏。我们必须消费，这是我们避免生产过剩危机的主要道德责任。这一点明确出现在政府口号里，也隐含在地位焦虑中。获取他人认可的健康冲动变成了对奢侈品的争求。虚荣成了美德："善"曾被认为是一项正义的财产，但很快也过时了。现在，时尚由制造效率的周期而非生物节奏或社群节奏所驱动。

从这个角度来看，消费主义也算不上是问题了，只是喜欢手机或衣服的少数困惑之人买了过多的东西而已。这是一种现代的"生存"方式，而且将破坏、剥削和异化全部制度化了，使它们变得无影无形或不可思议。

先暂退一小步，让我们想想别的路子。对于"商品化的世界是真的或善的"这种幻想，我们得嗤之以鼻，然后真正地思考，而不要只是计算好坏。希望我12岁的孩子在30年后能够看到的是，消费主义已经离奇地过时了。N

六位思想家

物品

存在主义者

让-保罗·萨特
1905—1980

我的所有物的"整体性"

想要"拥有"首先是"创造"。起初建立的所有权之关联，之后成了一种持续创造的关联；所有物被我插入我所处环境的总体形式中；其存在取决于我的境况，以及它在这同一境况中的整合。我的灯不仅是指那个灯泡、那个灯罩加那个锻铁支架，它是照亮这写字台、这些书和这张桌子的某种特定力量，它是我夜晚工作时的某种微光……如果把它与我的写字台和我的工作分离开来，放到销售处地板上的诸多物品之中，这盏灯就会彻底熄灭——它不再是我的灯了……因此，在我单凭占有关系来创造物品这一层面上，它们都是我。钢笔和烟斗、衣物、写字台、房子，都是我自己。我的所有物的"整体性"，反映了我的存在的"整体性"。

评论家

艾伦·威利斯
1941—2006

她那取悦（男性）的需求

要劝说男人买东西，广告必须诉诸他那挣脱传统束缚、获取自主自由的渴求；要劝说女人买东西，广告就必须诉诸她那取悦男性压迫者的需求。对女性来说，购买和使用衣物、美容品，比起消费，更像工作。在这个社会中，女人的一项工作就是成为有吸引力的性对象，而衣服和化妆品就是这个行当的吃饭家伙。同样，购买食物和家什是项家庭任务，挑选出供全家消费的商品是为人妻的琐事……女性花费大量金钱和时间美化她的家抑或她自己，或是穷追猛打地买到最新款吸尘器，这些都不是无所事事的自娱自乐（更非精神操纵的结果），而是一种健康的尝试，以在受限的角色中为自己的创造性能量寻找出口。

社会学家

赫伯特·马尔库塞
1898—1979

人的"第二天性"

所谓的消费经济与企业资本主义的政治，共同创造出人的"第二天性"，使人在欲力上与商品形式激烈地捆绑在一起。那种拥有、消费、处理及不断更新那些被提供和强加小工具、设备、仪器和引擎的需要，那种甚至不惜冒着毁灭自己的危险也要使用这些器具的需要，已经成了一种"生物性"的需要……因此，人们对日益繁盛的商品市场产生了依赖，而这种"第二天性"会反对任何能中断甚至铲除这种依赖的变化，因为这抹去了人作为一名消费者在买卖之间消耗自己的存在。因此，这种制度所产生的需要，变得明显稳定而且保守。

心理学家

威廉·詹姆斯
1842—1910

我们人格的萎缩

一种同样本能的冲动驱使我们收集财产，这种收集以其不同的紧密程度成为我们"经验自我"的一部分。财富中最属于我们的私密部分，是那些为我们的劳动所浸润的部分。如果穷尽一生用双手或头脑建起的东西突然被一扫而空，比如昆虫收藏或大量手稿等，几乎没人能不感到自己的人格被抹杀了。"守财奴"对其藏金也有类似感觉。虽然我们失去所有物时的部分沮丧之情，是由于自己觉得现在没了某些物品也得继续生活，而这本是指望所有物能带来的。但无论何种情况，在此之外还存在着我们人格的萎缩，感觉自己的一部分转化成了虚无，这本身就是一种心理现象。

社会主义者

卡尔·马克思
1818—1883

愚蠢和片面

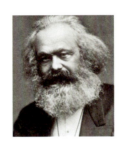

私有制使我们变得如此愚蠢而片面，以致一个对象，只有当它为我们拥有的时候，也就是说，当它对我们说来作为资本而存在，或者它被我们直接占有，被我们吃、喝、穿、住等等的时候，总之，在它被我们使用的时候，才是我们的，尽管私有制本身也把占有的这一切直接实现仅仅看作生活手段，而它们作为手段为之服务的那种生活是私有制的生活——劳动和资本化。因此，一切肉体的和精神的感觉都被这一切感觉的单纯异化即拥有的感觉所代替。人的本质必须被归结为这种绝对的贫困，这样它才能够从自身产生出它的内部的丰富性。因此，私有财产的扬弃，是人的一切感觉和特性的彻底解放。

经济学家

托斯丹·凡勃伦
1857—1929

超越我们所能及

会有极少数情况，增加可见消费的手段唾手可得，实际消费却没有增加，在群众看来，这就需要加以解释，未达标准的人要被扣上不光彩的吝啬动机……反之，对刺激的迅速反应则被接受为正常的举动。这表明，通常指导我们为之奋斗的花销标准……其实是一种"理想型"消费，只是刚巧超越我们所能及，或者说达到它要稍微出把力搏一搏。动机是竞赛，它是"不公性比较"*造成的刺激，它促使我们超越那些惯常与我们相同阶级的人。有一种通俗的说法实质上表达了同样的看法：每个阶级都羡慕和要效仿赶上在社会层次上只比它高"一级"的阶级，却很少与那些居于其下或远比它高得多的阶级相比较。

* 凡勃伦的"不公/歧视的"（invidious）一
词无褒贬之意，只在学术意义上用于人与
人之间的比较。——译者注

伦理困境（少儿版）

与孩子的问答对话

○━━○

马修·彼尔德

问：为什么爸妈坚持让我分享自己的玩具，但大人就从来不分享自己的东西？

答：人们养育孩子，就得负起很多很多责任，你得让你的孩子安全、健康和快乐。另外，你有责任帮他们成长为好人，多做正确的事，少做错误的事。大人告诉小孩要做的很多事都是因为这个，是想帮着孩子长大后能成为好人。

大人让你分享玩具时，他们真正要表达的一部分意思其实是："你要慷慨，不要自私，这是很重要的。"他们是对的。很多原因造成了自私的问题，但其中有个原因是，自私的人假装自己的愿望和需求比其他人的更重要，但多数时候不是这样的。

但如果有些大人真的不太擅长分享自己的东西（即使是这样，有些人肯定还是会分享的，比如很多大人会把好多钱捐给慈善机构)，也许只是因为光让人分享东西并不是教人变慷慨的最好方式。

如果孩子分享只是因为被大人要求，那就真的是慷慨吗？如果长大后没有大人再强迫你分享了，你又会怎么样呢？

问：人为什么为了买东西而做这么多工作？他们少买点东西就能少工作点，不是更好吗？

答：肯定有一些人工作只是为了能买到东西，但并不是每个人都这样。有些人工作是因为他们喜欢自己在做的事，所以没法想象没有工作的生活。

但是让我们想想剩下的那些只为回家后能买东西而去工作的人，为什么他们不少买点呢？

有一个答案是，因为他们需要自己所买的东西。我们要买的东西有些真的很重要，也真的很贵，比如房租、食品杂货或电费。我们头上都需要个屋顶遮风挡雨，所以有能力支付它是很重要的。对于大多数人来说，这就意味着得工作。

但很多人确实会买些自己不太需要的东西。的确，如果我们少买些那种东西，就可以少干点活。但当我们确信自己拥有更少的东西会快乐时，这才是个好主意。在我们的社会中，很多人认为多多拥有东西才会更幸福。对他们来说，如果少工作点就意味着少拥有些他们真正想要的东西，那就是不值得的。

这说明，除非我们能教人们别要那么多东西，否则可能很难说服他们少工作点。**N**

新哲人

伦理困境（成人版）

○━━━━○

马修·彼尔德

问：每逢生日、节日或来访，我们夫妻双方的父母都会送来无数礼物给我们的孩子，包括衣服、玩具和文具等。这些礼物大部分是在血汗工厂制造的，很容易就坏了，而且打开包装后没几天就不知被忘在哪里。现在我这里出现些问题：我们不想要血汗工厂制造的东西，不想要对环境有害的垃圾，也不想让孩子长大后认为幸福的关键在于消费。

我们曾多次试着阻止长辈们如潮水般的礼物，跟他们讨论了为什么不希望他们这样送东西来，还规定了"礼物必须是澳大利亚本国产的"或者"所有东西必须是您亲手做的"。他们好像听进去了，一开始也还算遵守规则，但又逐渐违反，直到一切又回到原点：房子里充满了我们不想要的垃圾，礼物用了我们不能容忍的制造方式，还造成了我们所反对的环境破坏。看来他们不会改变送礼方式了，或者干脆就没认同过我们的标准。我们提到不想让他们再这样送礼时，他们还会生气。这可让人怎么办呢？

　　　　　　　　　　　　　　　　　　　　　　　　　　　　　　　　　　　　　　　101　　○

答：送礼通常被视为一种互惠行为，涉及礼物的授受双方。从理论上来说，每一方都应考虑到对方的期待和愿望。作为礼物的赠予者，我们应该思考所赠送的对象及其对我们自己的意义，以及我们希望双方的关系如何发展；作为礼物的接受者，我们应该愿意接受赠予者的慷慨，向他们表达感激，并对礼物及这段关系可能给我们带来的启示持开放态度。

明确这两点后，切断礼物授受关系的一个万全之计就是，不再向对方表示感谢或不再接受对方的慷慨行为。但这在你这里是行不通的，因为你不是接受者，你的孩子才是。只要孙辈还对礼物心存感激，祖辈就有动力继续给他们送上大量破坏地球、剥削劳动力的垃圾。

你试图勾勒出一段关系（礼物授受就是一种关系）的明确界限，但这界限并没有得到尊重，这的确限制了可行的选项。你可以放弃尝试执行任何标准，并试着处理其后果；你也可以立即扔掉礼物，越来越粗暴地坚持信念；你还可以尝试让赠予方或接受方接受你试图坚持的标准。

每种选择都有其挑战。第一种意味着你必须承受礼物大军的冲击，同时对家里那些造成自己道德妥协的产品感到内疚；第二种则要冒着严重伤害你生命中重要关系的风险，而且可能会向孩子传递关于感恩的错误信息；第三种选择似乎最难执行，但也可能是最有希望的。

如果问题是因为你只是礼物授受的旁观者，那么你就需要向在礼物交换的谈判桌上有一席之地的人施加影响：不是老人那边，就是孩子那边。如果能用你认为的"某种礼物比别的要更好"的理由，说动其中一方或双方，那就不仅能解决问题，还能为这个世界带来一些积极的变化。**N**

生、死与两者之间

受访者 | 罗斯·麦克法兰   采访者 | 奈吉尔·沃伯顿

奈吉尔·沃伯顿：您能稍微说说收藏家亨利·惠康有多么了不起吗？我一听到他的鼎鼎大名，就会想起奥逊·威尔斯的电影《公民凯恩》开头的那一幕——他从世界各地搜罗来的惊人战利品堆积如山，镜头一转，就能看到成千上万件物品。

罗斯·麦克法兰：是呀，说到惠康，开头那一幕可以算是一个很有趣的角度，世界设定与收藏规模也都与《公民凯恩》类似。先让您感受一下他个人行动所达到的规模吧：在1936年去世前，惠康的藏品数量估计约为100万件；而在20世纪20年代和30年代，大英博物馆或卢浮宫博物馆的藏品数量差不多有20万件。也就是说，这位人物在40年间几乎是以产业级别的规模在进行收藏，而且在藏品价值上超过了欧洲主要博物馆几个世纪的收藏水平。因此，惠康是一位凭借一己之力，能与您提到的奥逊·威尔斯电影中的角色凯恩，甚至是凯恩的原型——"报业大王"威廉·伦道夫·赫斯特以及当时积累私人藏品的美国其他富有收藏家们不相上下的人物。他对于收藏的目的和品项确实有自己的主题，虽然这个主题会随着时间推移而发生改变，但其收藏的目标确实指向某种秩序和合理性。

大致说来，惠康的背景是制药业，然后他在最普遍意义上的"人类医学"领域从事收藏。

是的，我想惠康收藏最初是围绕着一个观念的框架展开的，即追溯人类如何对待幸福、健康和疾病的发展史，以及这个互动的发展史又是如何与物品的进化史同步发展的。他一直在思考"物质性文化"，与皮特·里弗斯在牛津大学建立博物馆的思路非常相似。我想这算是现存的与惠康的收藏目的最接近的一个代表了。惠康收藏的观念几乎可以说是：收集一把手术刀来代表某一个时间点的手术水平是没有意义的，要想真正讲好手术的故事，不仅要收集到这个时间点的某一把手术刀，还要收集到在此之前所有用于手术切割的器具，无论是其他形式的手术刀，还是其他形式的工具。所以，惠康收藏想要展现人类在对待疾病和健康方面的发展史，但这又要通过物品的进化史来展现。整个惠康收藏的基石，可以说就是惠康抱持的这种典型的19世纪进化论观点。

但是，您说为什么他如此重视拥有物品，而非描述或描绘它们呢？

我想这在很多方面都和惠康的财富及其白手起家的背景有很大关系。就像刚才谈到的，把

罗斯·麦克法兰在惠康收藏工作。这是位于伦敦的一家博物馆加图书馆机构，是世界上藏品最多的收藏地之一，由亨利·惠康生前收集的约100万件物品组成，其中大部分收集于1890—1930年。随着时间推移，此机构的收藏也在不断增加。

图片 | 中世纪、文艺复兴时期的行医者　　来源 | 惠康基金会

他的故事与《公民凯恩》的虚构情节进行比较，就非常有意思。惠康给人这样的印象：幼年赤贫，成长于美国中西部的贫困乡下，在19世纪80年代努力当上了职业药剂师。他的经历很有那种大亨白手起家的感觉，而且几乎是以最标准的"美国梦"方式。我觉得他所做的事情、所收藏的部分藏品以及这些收藏对他本人的重要性，都出自一个缘由：这是他的收藏，围绕着他的兴趣所建立。所以我们可以把惠康与他同时代的人物，比如报业大亨赫斯特，做一个比较。赫斯特收集西欧的伟大艺术作品，部分是为了他自己在加利福尼亚州的收藏，这非常符合他在那个年代应有的形成审美趣味的知识和欣赏力。这些却不是惠康的收藏标准。他的收藏几乎只体现了自己对于如何讲述事物的想法。即使受到里弗斯的影响，惠康在很大程度上也是独自一人在尝试讲述事物。当时白手起家的其他收藏家可能会以不同的方式来展示自己的趣味，并表现出一种靠后天学习得来的审美价值观和判断力，惠康却以一种特别个性化的方式着手创建自己的收藏。

新哲人

现在您要处理的只是惠康全部积藏的片鳞半爪。我知道比如说还有一仓库一仓库的盔甲没拿出来展示过，还有一些东西，像光是牙科手术椅就有几百把。他的收藏真是在一个惊人的范围内涵盖了许多怪东西，有武器、施酷刑的刑具、意欲使妇女受孕的法器等。这里的东西实在是太多了。您在储存和归档的时候，要如何为它们整理出一个分类系统呢？像这样思考如何组织别人的物品时，有什么原则吗？因为您可以用那么多不同的方式来对它们进行分类。

关于这个，我想那就得谈谈1936年惠康去世时大家考虑的问题了。当时他去世了，留下的海量材料存放于伦敦各处的仓库里。可不是单单一个地方就能把这些材料都放下……从1936年一直到大概1970年吧，有这么一个对实体藏品合理化的过程，要处理的东西就包括牙科手术椅、护身符和魔法咒什么的。在合理化这些实物藏品的同时，大家也开始对书籍、手稿、油画、版画和图纸进行编目，而这些构成了1946年建立惠康图书馆的基础。对于这些三维的物品，我们可以说从20世纪30年代以来，对它们制订了这样的合理化原则：要看某一件藏品在多大程度上与人类对于"医学"（可能并不像惠康理解的医学概念那样宽泛）的理解所契合。所以，以所有的军事器械为例，其中的很大一部分被转手给了不同的机构。与武器有关的大量藏品被一个人买下了，而此人一夜之间就成了欧洲最大的私人武器收藏家之一。于是乎，就有了这样一个合理化的过程，在整个过程中，这些物品就在不同的时期以不同的方式散播开来。二战后有很多物品被陈列在大英博物馆。惠康收藏之前告诉大英博物馆及全英其他各家博物馆，这些物品可以转给它们展陈以加强其展览能力，因为它们几乎都处于二战后的重建过程中。所以说，在不同的时期有不同的散播情况。而最终在20世纪70年代末，与医学相关的藏品以永久借展的方式被送到了科学博物馆。

图片 | 展示了18世纪初一个化学实验室的立体透视模型　来源 | 惠康基金会

我对一个哲学问题感兴趣：呈给您一仓库的东西，而且在那个时间点还没有完成编目，那么在考虑"把每件东西按哪种方式归入哪类才便于检索和理解"时，会是一个怎样的过程呢？

这是个涉及惠康生前收藏行为的核心问题。因为他在收藏速度上有个问题，就是收购速度远远快过入藏过程。所以直到惠康去世，我都怀疑他到底有没有看全过自己一生收集的海量物品。

我想问问清楚，这个语境中的"入藏"是什么意思？

这么说吧，"收购"就是购买过程，还会有文件记录一件物品的来源，以及它是在拍卖行购入的还是由惠康的某个收藏代理人搜罗来的；"入藏"就是指档案编制，记录该物品，给它一个"入藏号"，也就是一个真正的登记号，并在这些仓库中的某个架子上大概为其安排个位置。因此这种将某件物品与其他物品编组的过程，有时在入藏阶段就可以开始了。

那是肯定的，只要入藏就开启了登记的过程。物品一旦到了手里，入藏号就会强加给它某种初始顺序。但是只要想象一下收购而来的所有这些物品的规模……而且正如我所说，入藏的过程没有跟上实际收购的速度，有些物品还放在惠康生前购买的包装箱里。20世纪70年代末到20世纪80年代初，我们进行最大规模的藏品转移时，发现有的物品居然还放在20世纪30年代的包装箱里。所以就像我提到的，收藏与其购入的本质是很有意思的。我认为对惠康这类收藏家来说，一件物品的所有权是绝顶重要的，比如看到某件物品，他就知道自己曾竞拍赢过某个人。我甚至觉得对他来说，一件物品的所有权比把它展示出来的欲望更要紧。

是啊，那么该如何结束这个过程呢？有句话据说是惠康说过的："我的计划在脑子里像拼图一样，我必渐渐地把它拼好。"你肯定想知道，他在生命尽头是否还计划着如何安排或展示这些藏品。我想谈到惠康，如果咱们还沿用刚才那个"拼图"比喻，那么在他的整个收藏生涯中，拼图盒正面的完成图有时是会稍有变化的。在收藏的时候，如果惠康找不到盒里原本的某个拼图块，那么只要搞到一个与其有那么点相似的就可以了，或者复本也行。所以他收集的很多实物，并不总是来自他想要的那个实际的时代。他可以收藏复制品，他也有很多雕像的复本。惠康的使命是重现医学的历史时刻，所以，如果不打算搞到与"乙醚首次被用作麻醉剂"实际相关的东西，他也可以委托人画一幅有关当时场景的画；他也有一些石膏雕像模型，如果他弄不到雕像原件，那拥有石膏

惠康收藏想要展现人类在对待疾病和健康方面的发展史，但这又要通过物品的进化史来展现。

模型也就够了。因此，惠康的情况又与当时其他收藏家那种必须要搞到原件的情况略有不同。

有意思的是，在互联网和这个轻松应用数码摄影和动态影像的时代，我们可以收集和存储关于世界的海量信息，而且不用花费那么多钱，也不用一仓库一仓库地堆放东西，一个硬盘就能搞定。您认为那种大规模的收藏行为已经是明日黄花了吗？它曾在19世纪和20世纪初有过高光时刻，现在是不是已经过时了？或者说，如今拍卖行里是否还有惠康式的人物穿梭于世界各地搜罗藏品？

这确实是个非常有趣的问题。我觉得"规模"这个词很有意思，因为如果现在有人要做惠康当年做的那些事，是很难再获得赞同了。但是我想，退一步讲，在由私人收藏家组成的收藏界里，到底有多少物品可能正在私人手上，其实具体情况我们也并不是很清楚。因此可能仍有一些富有的私人收藏家，虽然没出现在《星期日泰晤士报》的富豪榜上，但他们确实拥有相当规模的物品和艺术品收藏。我认为这类收藏家让我们回到了那些为展示审美趣味而收藏的人身上，而不是像惠康那样，几乎是在尝试构建一整套宏大叙事。送给惠康收藏的另一个称号是：惠康试图建立的是一座"人类博物馆"。因此，最终它涵盖了一个远比医学宽泛得多的人类学范畴。换个角度想，医学是包罗万象的：如果你出生，那是一种医学实践；如果你死亡，那也与医学有关。在惠康看来，生与死以及两者之间的一切，似乎都在医学的职权范围内。

新哲人

所以在某种程度上，为了显示自己的能力，或者真心为了理解医学在其他文化和在我们自己的文化中的作用及其进化方式，惠康生前出于以上复杂理由，痴迷于拥有海量物品，如此持续了一生。但在其身后，这种痴迷与所遗留下来的物品间的关系就变得不太一样了。藏品不再受惠康控制，也不再是他的东西了，而是留存下来，组成了一个开放式博物馆。这也符合他的意愿，还被给予了一定的资金保障和一套足够开放的限制条件。如此一来，与最初购置时的目的相比，惠康收藏现在起到了一种完全不同的作用。

一点不错。我想这里面特别有意思的一点就是，它涉及研究的本质，可能是历史研究，也可能是社会科学研究，还有可能是一般兴趣的研究。物品进入图书馆或博物馆时，可能会在展览或策展中被施加一些目的，而这些目的并非总是惠康当初收藏它们的原因。给您举个我们现在拥有的图书馆物品的例子：惠康收藏了一些17世纪的英格兰家庭疗法手抄本，它们记载了当时人们关于健康和幸福的洞见，令人啧啧称奇。这些手抄本中有治疗疾病的食谱药方，但也有在我们看来更像制备食物和饮料的配方。

送给惠康收藏的另一个称号是：惠康试图建立的是一座"人类博物馆"。

因为在那个时候，吃的东西和身体健康之间的相互作用是至关重要的。举例来说，现在有一位使用这些饮食配方的人，就是玛丽－安妮·铂尔曼。她是厨师，也是食物史作家，还是"大英烤焗大赛"的首批参赛选手之一。铂尔曼会定期从这些家庭疗法手抄本里重现一个配方，照一张照片发到社交媒体上。她之所以能这样做，是因为我们已经将这些食谱书数字化了。对于那些当初怀着不同目的收集来的物品，这只是它们能达到的产出中的一例。还有许多物品可以用于家谱研究。因此，利用这些物品可以得到很多种"切入过去"的方法，而这些方法并不总是契合惠康当初收集它们的可能原因，也不总是契合当初主人把它们遗赠给图书馆或档案馆的可能缘由。

这项收藏的规模如此之大，肯定也存放了很多也许并不有趣的物品，但一定是非常昂贵的。照看这些物品需要责任感，但可能也是有代价的吧？要如何判断值不值得再添10把牙科手术椅，再把它们放上一个世纪呢？或者如何来判断是否应该反对收藏一堆正在解体的纸类文件，又或者是一把矛呢？

关于这个，我们得回到20世纪三四十年代惠康收藏的受托人所考虑的问题。这也部分反映了惠康收藏的约100万件原始藏品后来转给另一个机构的过程。但是这个问题所涉及的领域，是每个需要收集物品的文化机构都会面对的。我们还是会把档案、照片、绘画和书籍纳入图书馆的收藏，但那是要经过判断和讨论的，然后我们必须审视：我们这里是否是这些物品的最佳存放处？它们是否更适合放在其他地方的档案馆或图书馆？是否需要判断某项收藏需要多少修复工作？它需要多少储存空间？要多快才能对其进行编目？所以说，这是很多图书馆和档案馆都会面临的复杂任务。其中有财政因素，但也有智识因素。而且我得说，这个过程是全世界的档案工作者都在执行的。这是这种工作的一部分，而且我认为一直以来都是这样的。有时可能也要做一些棘手的决定：比如在考虑某件物品的研究价值时，你能预测它的研究价值将来会变成什么样吗？ N

在那个时候，吃的东西和身体健康之间的相互作用是至关重要的。

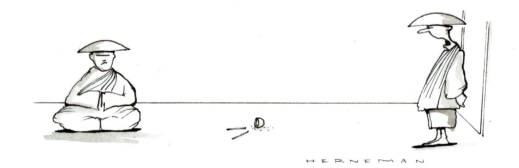

"我都出去这么半天了，你也收拾收拾呀。"

在这里，我又见到了一个充斥迷失灵魂的国度，人数远远多过上层：他们用胸膛尽力顶着巨大的重物，疯狂号叫着，将其滚动、碾向另一方，之后双方又匆忙将重物滚回。一方大喊："你们为何囤积？"另一方则回应："你们为何挥霍？"

图片 | 但丁《地狱篇》插图22（第7章：囤积者和挥霍者） 插图 | 古斯塔夫·多雷

寻常之物颂

哦！寻常之物呀，

人造而积，

川流不息：

没人能夸口

自己

只爱鱼，

只爱

那丛林和田野的绿，

或只爱

那跳跃攀爬、欲求存活的

有生之躯。

并非如此：

这许多寻常之物

向我共道缘由。

不只它们

触到过我，

不只我手

触过它们：

它们的存在

近在咫尺，

部分化入

我的存在；

它们的生气

勃勃如斯，

半从我生，

半随我死。

○━━○

巴勃罗·聂鲁达

w r .-

在此，我们将展示主题为"食物"的第16届"新哲人"作家奖的获奖作品。美国教师、作家和文学研讨班讲师艾格尼丝·蒂里托，以《当悲痛写在菜单上》一文拔得头筹。前冠军、精神病学家和皇家布里斯班妇女医院饮食失调服务中心主任华伦·沃德的作品《厌食症的哲学》屈居第二名。

t e r

当悲痛写在菜单上

○━━━━○

艾格尼丝·蒂里托

我的手机相册里深藏着一张照片，照片上是个吃到半截儿的三明治。翻阅手机相册或上传新照时，它就会偶尔蹦出来。到那时，我总会停下手头的事情，呼吸也在片刻间变得不同。不用查看，我也知道照片的日期——2012年4月16日。就在这个日子的前两天，我最好的朋友去世了，被一个酒驾的司机撞死了。那个周一的早上我还是得去上班。走出家门时，我极清楚地记着，炉子上边有片薄薄的小麦三明治，记得面包上抹了点花生酱，我边嚼着边例行早上的公事。每天都是例行同样的公事，但那一天全都变了。那一天，我吃到一半的三明治在嘶喊："记住此刻吧。这是历史性的时刻。"那天的确成了我个人铭记的一个历史时刻。那个没吃完的三明治就是它的象征，记载了所有事情在一瞬间的天翻地覆。痛苦铺天盖地而来。我几乎要被自己所经之事打垮，那种痛感完全扎透你，直达心底。

那张照片至今还在，提醒着我当时的感受：空洞、残缺，像生了病一样。在一个普通教师的生活中，那本应是个普通的周一早上，我却无法再完成最普通的任务。

我懂得了，食物不仅是养分，更是一种习惯、一种焦虑的应对方法和一种"安抚奶嘴"。我在那一次见识到了进食或无法进食所造成的后果。我们如何能在某一刻饿得要死，却在下一刻完全没了吃饭的欲望呢？同事们开始议论起我体重的下降。"这是'韦迪安·沃勒悲痛节食法'。"我回答道。可能这说法听着对过世的韦迪安不太尊重，但她如果还活着，听到这种话一定也会笑出声来。我两对每件事都一笑置之。我们早就知道，只有笑声才能滋养自己。

我和韦迪安在外面聚餐时往往会拖上几个小时之久，也不知道那种吃饭方式就是所谓欧式。多年以后，当我和女儿在阿姆斯特丹、布拉格和马斯特里赫特用餐时，我才知道原来那正是欧式风格。用真正而非一次性的杯子品一品热腾腾的咖啡，在露台上用午餐，旁边站着期待客人能流连一段时间的侍者，买单时则要真正"抬手"拦下他们才行。这种奢侈感与美式用餐体验大不相同。在美国，如果你吃了一个小时，就得全力推进用餐速度了。我们也确实推进了。我们总是全力推进所有事的速度。现在我一想起韦迪安，就想起我们俩的长谈，比那更长时间的在外聚餐，还有在停车场的延伸性讨论。我们可爱聊天了，又爱吃东西。如果能把我俩放到兼顾二者的场合，那是最好不过。可如今，我想到和她出去聚餐的事，仍然感到悲痛。在我们给对方发的最后几条短信中，有一条还在计划着之后得马上再出去吃顿饭，已经定了要吃薯条。这是我们约定好的。

然后她就过世了，而食物从此让我感到恶心。如果有心理治疗师了解我的情况，我不知道会不会说这和失去有关，和我们俩与食物相关的快乐时光有着某种联系。我只知道，我的体重很快就掉了15磅左右。直到次年我那年纪尚轻的丈夫萨姆被诊断出晚期胃癌，这个下降趋势才停止。

如果你从未目睹过胃癌患者，信我一句，这是人可以想到的最糟的癌症之一。其中当然有疼痛的因素，然而还有别的因素。比如，就在医生让你们去扫描、化疗，去忙着做那些抗癌治疗的时候，患者却真真切切地在你眼前消失了。我眼见自己的丈夫挣扎着只为能吃下一块咸饼干，我眼见他努力地吞下药片，每4个小时我们就得在厨房花上15～20分钟，让他把那么几片药吞下去。吞咽，本是人最基本的反应，本是我们理所当然会做出的反应。

不过在那段抗癌的日子里，在癌细胞决定永久占据他整个身体之前，萨姆居然有一小段时间发福了。他的肿瘤医师惊讶地看着我们问："哥们儿，你怎么还胖了呀？"萨姆就会冲我点点头，因为我是他的私家营养师（自封）。几天之内，我就学会了如何给他一口口地喂下富含营养的食物，而且是经常，甚至是每小时喂一次，以保证他的身体正常运作。

萨姆走完了他一生中最糟的一段，而我的体重也开始上下波动起伏。有那么几个星期，我比自己这辈子任何时候都要轻。但他去世之后，食物就成了我的"安抚奶嘴"。我甚至都没有意识到这一点，直到有一回看见朋友在社交媒体上发了张我的照片。我还发现自己最近写的一篇日志，其中记载了自己非常勉强的进食模式。在那些痛失亲人的日子里，我有很多做不下去的琐事或任务，就勉强着自己去做。

"回头吧。这次，不吃了，艾格尼丝。喝水？行。咖啡？行。但不——再吃了。"

我开始记录自己所吃的东西，也开始留心自己何时想吃。我已经形成了一种模式，每当紧张或焦虑些什么时，就会一头扎进厨房吃东西。要开始某项工作或看电视时，我也会去拿点面包、奶酪或薯片。这些加起来，给我带来了一大堆"多余"的体重。所以我终于开始记录吃下的东西，然后把面包、薯片换成蔬菜、水果。到写这篇文章为止，我的体重已经回到了一个对我来说算正常和健康的数字。

我不知道所爱之人去世的时刻，是不是我求取或离弃食物的决定性因素。意外获悉最好朋友的死讯时，我觉得自己也死了。我食欲归零，只吃些身体所需的东西以保持它的运作。即使摄入热量很低，我也没感到过饥饿。然而得知丈夫的诊断结果后，我与食物的关系又变得有些不同。仍然有那么一些时候，我的感觉和失去好友时相同。但其他一些时候，比如试着劝丈夫再多吃几口时，我也会吃一些；或者，在漫漫长夜照顾他定时服用止痛药时，我也会吃东西来保持清醒；又或者，我吃东西只是因为人们带来了吃食，有时感觉食

作品｜《夜游者》　画家｜爱德华·霍普

物就像一种安慰剂似的。

无论我们如何处理悲痛（可悲的是，每个人总要面对这种悲痛事），我现在意识到，食物确实有它的作用。这种作用体现在人家送来的汉堡里，送汉堡的人催你吃下去，多少能长些力气；也体现在好心朋友和邻居放下的一锅锅炖菜、一个个蛋糕和一盘盘饼干中：虽然不知道怎么安慰你，但大家都知道人不是铁打的，总要吃东西。

在萨姆生病期间和去世后的几周里，始终有人给我们送吃的东西。这帮了我们大忙，因为在那段时间里，食物不再是普通的人情来往，而是给我们加油鼓劲的燃料。我的朋友乔姬塔在本地的一家小酒馆兼熟食店给我开了赊账通道，这对我家来说已经很奢侈了。我们可以去取现成的食物或外卖，包括速冻汤和砂锅菜，回家后放进烤箱热热就好。我还记得有位教友带来了自家做的意大利蔬菜汤，还有一块用干干净净的纯棉茶巾包着的自制面包。我曾极想学会那种食物的做法，因为它真的很好吃，并且我想保留那份回忆，那份人的善良。

另一段让我念念不忘的回忆是，韦迪安去世后，我和丈夫一起出席她的葬礼。葬礼仪式结束后，他转身贴心地对我说："咱们去吃点什么吧。"这对一个不怎么喜欢出去吃饭的人来说，实在太不符合他的性格了。萨姆更喜欢共进家常菜，喜欢私下分享饮食的那些场合。但那天有所不同。

他开车带我去了"我们的地方"，那是家令人舒适的海鲜餐厅，大部分掩于茂密的林地中。我记得我们俩坐在那里，从开阔的窗户俯瞰下面的河流。橡树和松树忙着对付松鼠的争抢，喂鸟器上挤满了红雀和蜂鸟。沉默和彼此甜蜜的同在就是疗愈我们创伤的良药。回想二人在一起的生活，我忆起诸多珍贵时刻是如何在那家餐厅发生的：约会，婚礼晚宴，家庭和家族的生日会，团圆饭，纪念日。我们又回到了那里，在那个已经成为"我们的地方"的场所，纪念一个悲痛欲绝的时刻。那里就是名副其实让我们"吃饱"的地方。那天晚上我们用餐时还没想到接下来会发生什么事情。食物，再一次主动参与了我们失去的和走向的生活。**N**

厌食症的哲学

○━━━○

华伦·沃德

我是一名精神科医生，专攻神经性厌食症超过15年。在此期间，我有幸帮助许多勇敢者走出这种致命疾病的折磨，恢复健康。

我也长期对哲学抱有兴趣，同时在治疗中也考虑到了哲学。

首先，虽然种种材料已经详述了二元论哲学立场所引发的问题，但在临床实践中，我发现将大脑和心灵分开的二元论还是有所裨益的。

我给我的患者讲述了饥饿对于大脑的影响，这种影响是从安塞·基斯在20世纪50年代的明尼苏达州主导的半饥饿研究中得知的。这项研究要求对36名健康男性实行口粮配给制，直到其减去自身25％的体重。正如我向患者阐释的，这些男性都出现了与神经性厌食症患者相似的症状，他们变得更沉迷于食物，还在进食行为上制订了奇怪又繁复的仪式和规则。他们吃一顿饭要花上两小时，而且如果被打断还会很生气。有时他们会囤积食物以备不时之需，之后却从未吃过。有时他们会狼吞虎咽，之后又都吐出来。在最后的给食恢复期，他们又开始执着于自己体形的变化。

这些男性在认知上，也产生了更多与食物或进食行为无关的普遍性变化。所有人的思维都变得更加僵化死板。许多人患上了抑郁症。有3个人因为自杀意图被送进了当地精神病院。令人震惊的是，还有1个人在一阵绝望中砍掉了自己的3根手指。

我向患者解释，饥饿会导致大脑产生病变，使人不仅越来越难进食，且越来越难进行理性思考。在明尼苏达饥饿实验中，重新给予这些人食物的行为，扭转了他们由实验引起的厌食行为。我观察过数百次厌食症患者的大脑获得滋养后，能极大程度地缓解他们对食物、体重和卡路里的恐惧。想成功治愈厌食症，首先要喂饱患者大脑，然后通过对"心灵"进行数月的心理治疗，支持患者找到方法处理感情，而非节食。

虽然厌食症的诱因往往是生物性的，即大脑的饥饿，但引起大脑饥饿的原因还得说是文化上的。在我们所处的文化中，节食以及与之相关的快速减重不仅很常见，而且受到了正面鼓励。我见过由一系列医学成因（包括肠癌、囊性纤维化和糖尿病等）引起的体重减轻所导致的大脑"饥饿综合征"。但在我们的社会中，最常见的饥饿成因还是节食。对很多人来说，节食无意中带来了大脑极度饥饿和强迫思维的问题。人的整个身心会被关于食物和体重的想法排山倒海地压制，循环往复，就像在跑步机上（一直跑）的大鼠，再也无法使自己的神智恢复清醒。

当然并非每个节食者都会患上厌食症，但是具有某些特定人格特征的人会有更高风险，特征包括强迫倾向、谨小慎微和完美主义。这些人格特征可能受遗传因素影响，在医生、律师、工程师、运动员以及社会上的其他高成就人士中更为常见。事实上，厌食症在以上职业的人群及其家人中也的确更为常见。

精神病学家和人类学家安妮·贝克在1995年主导了一项研究，这项研究精彩地凸显了文化因素对于节食行为的影响。贝克对斐济一个偏远岛屿上的少女做了调查，对比该地引入电视机之前和之后的情况。之前，对身材不满、节食和清除行为*之类的东西在那里根本闻所未闻，但岛上有了电视机以后，对身材不满、节食和自我引吐等饮食失调症状快速增加，且3年后仍然十分流行。岛上最受欢迎的剧集是《飞越情海》《急诊室的故事》和《战士公主西娜》。虽然这些剧集乍看之下没有向人传达什么关于身体形象的信息，然而仔细观察后就会发现，剧集中所有女性有个共同点：她们都有苗条、紧绷的体形（西娜还有点额外发达的肌肉）。这种体形是在美国的影视圈当演员所需要的。但她们这种身材并没有反映出普罗大众的多样性，更别提能否反映出在南太平洋这个以前与世隔绝（也因此被保护起来）的社会里，这些斐济少女的多样性了。

新哲人

---

* 指自我引吐或滥用泻药、利尿剂或灌肠。——译者注

照片 | 《厌食症打折》 摄影 | 约榭·麦

如今在西方社会，饮食失调行为的广泛性已经增加了几十年。其中的主要原因在于，年轻人为了得到"理想"的身体形象而压力倍增。这种情况自《急诊室的故事》和《飞越情海》播出后变得更糟。人们现在打开电视机看到的就是真人秀《超级减肥王》，手机则每天都通过社交媒体上别人的身材图片对我们进行视觉轰炸，人们还会将其和自己的身材做比较。"多亏"了一项优点存疑的发明——前置摄像头，我们现在发现自己快要溺死在自拍的海洋里了。

想要完整地分析这种流行病，我们还得纳入女权主义对文化和社会的批判，新马克思主义对我们这个后资本主义社会中"猖獗的消费主义"的分析也有帮助。

娜奥米·沃尔夫在1990年写下了《美貌的神话：美丽的形象如何被用来对抗女性》。沃尔夫认为，虽然女权主义为女性带来了重大的政治和经济进步，但父权制后来又找到了其他方式继续悄然对女性进行压迫。她指出，今时今日的女性要想获得成功，就必须保持一个在生理学上其实并不正常的体重。大多数女性如果减掉了体重，以使自己看着"理想"，就会停经、失去性欲，且正如前述，会屈服于饥饿对大脑的影响，变得焦虑、抑郁、强迫思维，以及永远觉得自己"还不够好"。

新马克思主义者，如法兰克福学派的西奥多·阿多诺和赫伯特·马尔库塞都已经注意到，当今社会最强大的力量是大公司。这些大公司为了自身的生存和发展，要靠广告来告诉我们，我们哪里是"有问题"的，以及为何我们需要它们的产品来使自己变得"完整"。广告商和营销人员凭借高度复杂的心理学技巧告诉我们，如果想变得快乐和满足，我们需要吃某种食物、穿某种衣服、开某种汽车，并且看着也要像某种样子。此种策略每年都能帮减肥、化妆品、快餐、时尚和整容等行业攫取数十亿美元的利润。而大多数消费者都没有意识到，科学数据显示，节食在实验中不但让90％的被试者没能实现健康、可持续地减重，而且提高了危及他们生命的饮食失调风险。

与厌食症相关的另一个哲学思想是对"德行"的观念。我们，特别是女性，都在生命早期就接收到一个信息：瘦即美德。与之相反，体胖之人不仅被认为是不健康且没有吸引力的，而且在道德上仿佛也有某种缺失，比如贪婪、迟钝、懒惰或自私。虽然对肥胖症的研究表明，其与厌食症一样，是由复杂的遗传和环境原因共同造成的，但我们往往回避这些科学解释，倾向基于"德行"的那套理论，简简单单（也相当无知和残忍）地就指责体胖之人的发胖。

考虑这困扰我们社会的饮食失调的祸根时，我发现以3个经典哲学概念的视角来看待这个问题有助于解决，那就是"真""善""美"。

从厌食症中恢复并为阻止它兴起而进行必要的战斗，需要我们直面权力、说出真相。就像苏格拉底曾经勇敢地做的那样，我们也要对抗有害的公司权力和父权，并坚持"真"。因为它来势汹汹地羞辱了年轻的女孩和男孩们，让他们对自己的身体感到不满。我们需要抵制这种强加给我们的女儿和儿子们的想法，拒绝把人的重要性和价值通过"（能看到）大腿间隙"、衣服某个（小号）尺码抑或体重秤上的某个（小）数字诸如此类肤浅的东西来定义。

我们还需重拾更多样的"善"的观念，提醒自己还有很多美德远比变瘦更重要。

最后，我们需要把"美"的永恒观念从既得利益者强加的僵硬束缚中解放出来，用诗人的感性来重振它，因为正是诗人总能在我们的个体差异、内在主观世界、艺术和自然环境中看到美。

与其无休止地追求什么所谓的正确体形，我们需要的是提醒自己及我们的女儿和儿子们：比起主流媒体不断强加给我们的那些被操纵的信息，世上还有很多东西更善良、更美丽、更真实。**N**

与邻人攀比

托斯丹·凡勃伦

《 有 闲 阶 级 论 》

在经济发展的较早阶段，通常只有"有闲阶级"才能毫不收敛地消费商品，尤其是较高档次的商品，理想情况下是包括所有超过最低生存需求的消费。在经济发展进入后来的"和平阶段"后，随着以私有制为基础的商品经济和基于雇佣劳动或小家庭经济的产业制度建立起来，这种限制至少在形式上趋于消亡了。但在略早些的"准和平阶段"，有闲阶级对后世经济生活产生影响的那许多种传统尚在形成和聚合时，这一原则就已经具有了习惯法的力量。它已成为人们消费时趋于遵守的准则，任何明显的背离行为都将被视为反常的形式，迟早会在进一步的发展过程中被淘汰。

由此，准和平阶段的"有闲绅士"，不仅消费的物品远超其维持生计和身体所需的最低限度，而且其所消费物品的品质也是精挑细选、日趋专业。他们能在饮食、麻醉品、居所、服务、服饰、武器装备、娱乐活动、护身符、神像或神祇等方面，随心所欲地消费最好的东西。在他们的消费物被逐渐改良的过程中，创新的动机原则和直接目的无疑是：为了个人的舒适和幸福，更高效地改进和完成更精致的产品。但这并不是物品被消费的唯一目的。人们也按照"声望"的标准来衡量创新，合格者才能留存。消费更优质的物品是财力的证明，所以成了尊贵的行为；反之，如果不按适当的数量和质量消费，则标志着地位低下和行为有失。

······

对有闲绅士来说，贵重物品的"炫耀性消费"是种提高声望的手段。随着财富在他手中聚积，一己之身将不足以通过这种方法充分证明其富裕。因此，他诉诸馈赠重礼和操办盛宴及娱乐款待，以引入朋友和竞争对手的协助。礼物和宴席可能另有起源，而非单纯为了摆阔，但它们很早就被用于"炫耀"这一实用性目的，且这种性质一直被保留至今。因此这些惯例在此种方面的效用，早已成为其存在所依赖的坚实基础。耗资巨大的娱乐活动，比如印第安原住民的"夸富宴"或者舞会，尤其适用于这一目的。款待者希望通过这种方法，使自己欲与之一较高下的竞争者，变作达成自己炫耀目的的手段。竞争对手则在替主家进行"代理消费"时，既目睹了东道主无法独自消费完这些过量佳品的场面，也在安排下见证了东道主精熟的礼仪之道。

······

随着财富的积累，有闲阶级在功能和结构上进一步发展，阶级的内部也出现了分化，出现了或多或少复杂精细的等级制度。由于财富的继承以及随之而来的出身继承，这种分化会进一步加剧。伴随着高贵出身的继承，"义务性有闲"的继承也接踵而至，但足以带来有闲生活的出身虽然可以传承下来，却有可能没有相应足够的财富，来维持有尊严的有闲之所需。后人虽然继承了高贵血统，财物却不足以使其安享于体面、自由的消费。因此便产生了一类贫寒的有闲绅士，前文已顺便论及。这些"血统不纯"的有闲绅士隶属一个等级分明的系统。那些位于富裕有闲阶级中较高和最高级别的人，无论是出身还是财富，抑或是两者，其地位都要高于那些门第和经济能力较低的人。较低级别的人，特别是那些一文不名的或者位于最低级别的有闲绅士，则通过一种依附或效忠于高级别绅士的制度，把自己与他们联结到一起，从而从"赞助人"手里提高了声望，或者获得了维持有闲生活的手段。他们成了高级别有闲绅士的臣子、侍从或仆人，由赞助人豢养和资助，从而成为后者显示地位的物品，也是其多余财富的"代理消费者"。在这些附属的有闲绅士中，有很多人本身也略具薄产，因此其中一些人几乎完全不能，而另一些人则只能在部分意义上被视为代理消费者。然而那许多构成赞助人侍从和食客的人，则可以无条件地被列为代理消费者。这些人，还有其他许多较低级别的贵族，反过来也都在自己身上附着一个大致广泛的代理消费群体，包括其妻子子女、侍从仆人等。

……

即使在金钱尺度上"代理有闲"的需求已经低到难以为继，但通过妻子之手来实施代理消费的需求仍然在起效。在某一低点以下，几乎无法观察到任何在"礼仪性清洁"或类似方面徒劳的伪装。而且，即便已经确实不再有意尝试名义上的有闲了，"体面"也仍然要求着妻子，要为了家庭和家主的声望而炫耀性地消费些物品。因此，作为这种古老制度演变而成的近代结果，起初在事实上和理论上都沦为男人的苦力和动产的妻子，曾是男人所消费物品的生产者，后来则变成了男人所生产物品的礼仪性消费者。但她在理论上仍明白无误地被归作他的动产，因为习惯性地执行代理有闲和代理消费，正是不自由仆人的永久性标志。

这种由中下层阶级家庭实施的代理消费，不能算作有闲阶级的生活方式的直接表现，因为处于这一金钱等级的家庭并不属于有闲阶级。我们不妨说，有闲阶级的生活方式，在这里出现了更低一级的表现。就声望而言，有闲阶

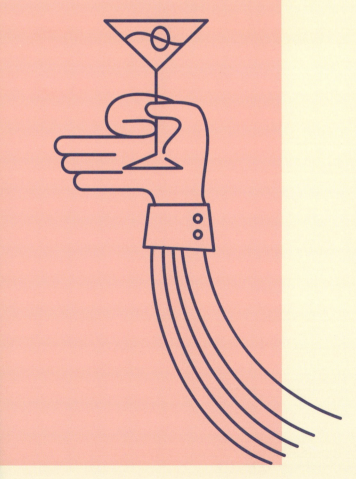

级位居社会结构之首，因此其生活方式和价值标准，也为社会提供了此种声望的规范。所有更低等级的阶级，在某种程度上接近并遵守这些规范都是责无旁贷的。在现代文明社会中，社会各阶级间的界线变得模糊易变。出现这种情况后，上层阶级所强加的声望规范，通过社会结构将其强制性影响向下延伸，直至最低阶层，几乎畅行无阻。其结果就是，每个阶层的成员都接受了比自己高一层的时兴的生活方式，以此作为自己体面生活的理想，并全力打拼以期达成。一旦失败，他们就会丧失自己全部的美名和自尊，为免沦落至此，他们必须至少在外表上符合公认的规范。

在高度组织化的工业社会中，良好声望终究还是要建立在金钱实力的基础上，而展示金钱实力从而获得或保持美名的手段，就是有闲以及对物品的炫耀性消费。因此，这两种方法都流行于声望规范能够触达的最底层。而对于两种方法并用的较低阶层来说，这两种职责在很大程度上会委托给家庭里的妻子、儿女。在更低的层级上，任何程度的，哪怕是名义上的有闲，对妻子来说都是不切实际的时候，对物品的炫耀性消费却仍然得以保留，且由妻子、儿女来实施。家庭中的男人也可以在这方面做些事情，事实上他通常也这样做了，但是随着贫困水平的上升，比如升到了濒临赤贫的阶层，男人，在此也包括其儿女，几乎都不会再为了面子而消费贵重物品，而女人实际上则成了唯一能体现家庭金钱体面的人。社会上没有一个阶级能完全摒弃习惯性的炫耀性消费，即使穷极潦倒也不能。除非是在极端必需的压迫之下，否则在消费的这一范畴内，最后几项也绝不会为人所弃。在最后一件小饰品或最后的金钱体面之伪装被收起来之前，人们会忍受巨大的悲惨和痛苦。没有任何一个阶级或国家会在物资匮乏的压力前如此卑微地让步，甚至不惜牺牲自己在更高层次或精神方面的需求。

从上述对"炫耀性有闲"和"炫耀性消费"发展过程的研究来看，二者在提高声望方面同样具有效用，似乎是因为它们具有共同的"浪费性"因素。前者是对时间和精力的浪费，后者

相比于农村人口，城市人口在其收入中，炫耀性消费所占的比例相对要大。

是对物品的浪费。二者都是展示自己拥有财富的方法，而且都被约定俗成地视为财富的等价物。除非可能受到了其他不同来源的礼仪标准影响，否则在二者间做出的选择，无非就是哪种更便于炫耀的权宜之计。在经济发展的不同阶段，人们出于便利可能会优先考虑二者中任何一者。问题在于，两种方法中的哪一种能最有效地影响到它希冀影响的受众的信念。"惯例"在不同的情况下以不同的方式给出了不同的答案。

只要社群或社会团体足够小且紧凑，声望仅靠共处就能得到有效传播。也就是说，只要个人在声望方面需要适应的人际环境，仍限于熟人和邻里间，那么这两种方法就同样有效。因此在社会发展早期，二者的作用都差不多。但当分化进一步加剧，需要更广泛的人际环境时，消费就开始超越有闲，成为维持体面的普遍手段，在后来的和平经济阶段尤其如此。现在，随着交通方式的发展和人口流动性的增强，个人被置于许多人的观察之下。除了在他人的直接观察中展示物品（也许还有展示教养），人们也没有别的手段能判断某人的声望了。

现代工业组织也以另一种方式朝着同一方向发展。现代工业体系的紧张节奏，常使得许许多多的个人和家庭毗邻而居，但除了空间上的并列，彼此间几乎没有任何其他意义上的接触。在严格意义上说，邻居在社会上往往和自己不太密切，甚至连熟人都算不上，但他们临时性的好评还是有很大的效用。要想用金钱实力来打动这些对自己的日常生活冷眼旁观的观察者，唯一可行的手段就是不懈地向他们展示支付能力。在现代社会中，人们更频繁地出入教堂、剧院、舞厅、旅馆、公园、商店等场所，参加各种大型聚会，而这些参与者对他者的日常生活其实并不了解，但为了给这些临时的观察者留下深刻印象，并在他们的观察下保持自我满足，个人的金钱实力应当一览无余地展现出来，让观察者易辨好认。因此目前的发展趋势很明显就是，与炫耀性有闲相比，炫耀性消费的效用在不断增大。

还有一点值得注意，在人与人接触最广泛、人口流动最频繁的部分，消费，被最为充分地当作一种提升声望的手段，以及被最为坚持地当作一种体面因素。相比于农村人口，城市人口在其收入中，炫耀性消费所占的比例相对要大，而且需求也更迫切。其结果就是，为了维持表面的体面，前者比后者从习惯上来说是更大程度地在"糊口度日"，所以就出现了一种结果，比如美国的农民及其妻儿在衣着和举止上都不如同等收入的城市手工业者家庭来得入时和文雅。这并不是说城市人口在本性上就更热衷于炫耀性消费所带来的自我满足，也不是说农村人口就不重视金钱上的体面。但是这方面证据的刺激性及其瞬时效力，在城市里更具决定性意义，因此这种方法更易在城市里采用。在争相攀比的过程中，城市人口将其炫耀性消费的正常标准推到了一个更高的位置。结果造成，在城市里为了表示某种特定程度的金钱体面，人们就需要在这方面支出得相对更多。要求符合比这更高的常规标准，成了强制性的新规则。体面的标准变得更高了，而对阶级而言，则要求大家必须得达成这种体面，否则就会失去其社会地位。**N**

节选自托斯丹·凡勃伦在1899年的著作《有闲阶级论》。

NewPhilosopher意为"新哲人"

肉身之物

○━━○

玛丽娜·本杰明

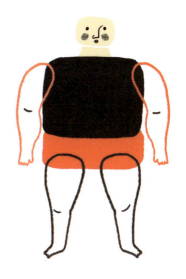

如果愿意，就赖基督教吧，再能"甩锅"给启蒙运动就更好了。在历史上，西方社会的确一直偏爱心灵多过身体，偏爱意识多过纯物质，偏爱灵魂多过肉体，以至于我们简直都快忘记了自己的身体是用来做什么的。大多数时间，我们似乎都在渴望根本不曾拥有过它。抛开沉重的肉身，转而从根本上生存于网络空间的这种"超人类主义"梦想，即使在严格意义上尚未全部实现，但已经或多或少地在技术上部分实现了（超人类主义的终极目标是将人的意识上传到"云端"，从而彻底涤除其物质性）。然而身体被称为"人肉机器"，只不过是有着长久传统的自我嫌厌在当代的最新重现。这种传统的根源在于，认为肉体腐化我们、压垮我们并给我们带来阻力。

在"物"的世界里，没有什么东西比肉体受到更多克制了。它总被鞭挞、被抽打、被冲刷，更巩固了这样一种信念：灵魂，才是我们唯一能够飞升的部分。

思想史的这一脉络掩盖了另一个受众没那么广泛的思路，后者把身体置于知识获取和情感上自我理解的最前沿。知识，总是源于身体，始于皮肤上那些调和我们与外部世界的关系的感觉受体，让我们能感觉到脸上的风吹、日晒和雨淋，能感受到冷热干湿，能分辨出软与硬、光滑与尖锐。即使是置感觉、经验于某种特殊地位的经验主义哲学，也迟迟不赞颂我们这"肉身的自我"所拥有的在认识论上的潜力：从约翰·洛克在1690年出版《人类理解论》以来，经验主义哲学在很大程度上，还只限于研究理性如何作用于感觉信息，继而处理我们对世界的知觉，而非研究身体本身是如何体验和理解这些知觉的。

哲学对某些东西鲜有论及，比如说"本体感觉"。我们这种对空间中的位置和运动的身体上的感知的意识，也被18世纪的苏格兰医生查尔斯·贝尔爵士称为"第六感"。本体感觉是指，我们如何感知自己的头、肢体、手指和脚彼此之间的关系，以及它们与局部环境的关系。它能让我们预测下一段楼梯时力道的轻重，比如通过衡量外部压力，然后以必要程度的肌肉收缩做出反应；它也能帮我们在椅子上安排好自己的位置，让我们能接住球，或者能转过头去寻找某种动静或噪声的来源。受体位于皮肤，但也位于我们的肌肉和关节中，校准有关力量、作用力及重量的信息，进而决定身体的姿势和位置。但是，本体感觉真正的妙处在于，它能让我们在无意识中纵行于世。

还有"肌肉记忆"，这是我们习以为常的"具身化知识"的另一种形式。骑自行车或在钢琴上用"心"弹奏奏鸣曲时，我们就要依靠这种知识。法国哲学家莫里斯·梅洛-庞蒂在评论肌肉记忆的又一个例子即"盲打"能力时，惊叹于"手'知道'"的方式，就好像骑车时似乎是我们的腿"知道"该怎么做一样。肌肉记忆，或者给它起一个更恰当的名字，叫作"程序记忆"，是与本体感觉有关的，因为它与身体在空间中的位置密切相关。

但肌肉记忆为这种知识增加了一个叙述性的维度，如果你愿意，也可以说增加了一个行进的方向。梅洛-庞蒂对（海德格尔的）"在世界之中存在"（being-in-the-world）这个观念非常着迷（字词要连在一起，因为他相信人不能将"存在"和"认识"分开）。他对人类意识的"具身化"方式大感惊奇，认为身体意识支撑着许多我们本认为是纯粹精神的状态，比如相信、思考和欲求。这当中还有我们关于行动的微妙思考，而这些思考在多重路径上要依靠身体对所处直接环境的认识。

肉体终朽，这是真实的。这副裹着皮囊的骨架，即原始的尘世牵缠。但是，为了将缄默的躯体从其低下的所在抬升起来，并使那种源于我们的物质性而生出的"理解"得到其应有的重视，需要权衡以下事实：没有身体，我们的思想将弱不禁风、动弹不得且赤裸裸，只不过是个"缸中之脑"，会从世界的感觉经验中被分离出来。

现在我们似乎可以很明显地承认，感觉，起着接触世界及防御危险的首要作用。而且感觉还为我们提供了一个获得"原乐"（Jouissance）的机会，那是一种超越纯动物性快感的身体被称为"人肉机器"，只不过是有着长久传统的自我嫌厌在当代的最新重现。

"生之乐"。原乐始于身体，但随即渗透心灵。对法国精神分析学家雅克·拉康来说，这个概念至关重要。他在《精神分析学家的知识》中写道："为了享乐，人需要身体。"拉康认为原乐是至关重要的"具身化的生之乐"，它通过驱力将身体与无意识的心灵结合起来。在别处，他也曾更有诗意地总结道："原乐'以一阵痒感开始，以汽油燃焰结束'。"

像原乐这样潜力无穷的概念，进入知识界并传开后，不可能不引起轰动。拉康在20世纪70年代写下它后，罗兰·巴特、朱丽娅·克里斯特娃、斯拉沃热·齐泽克以及其他学者都开始接受这个概念。吉尔·德勒兹也将原乐作为其作品的核心，发展出一种"先验经验主义"，认为经验因超越理性而胜过理性。德勒兹认为，由于感觉经验不受任何既存假设的阻碍，因此身体所领会到的东西，使我们同时面对新奇和陌生，从而迫使我们使用新的思维方式。这，或许就是拉康的"汽油燃焰"。

另一束"汽油燃焰"则出自20世纪最优秀的女权主义作家之一科莱特笔下。她写道："我的身体思考时，整个肉体就有了灵魂。"我不知道还有什么比这句话更能赞美有思想的身体。科莱特以自己的身体及自己身体的节奏和模式为生。她忠于身体的欲望（有些人可能认为这是一种弱点），但对它给自己带来的教训也是津津乐道。科莱特决心保持健康，获得一个"现代"的身体，塑造自己的肌肉线条（她的传记作者朱迪斯·瑟曼说，科莱特的肌肉所拥有的真正的美，正与锻炼肌肉的目的一致，就是"自我支持"）。这是一种磨炼自己感觉的方式，但同时坚定了她的决心。

我想我一直都懂得科莱特这些话的意思。这就是为什么每当我要进行脑力劳动时就会出去走走，为什么跑步时就会心情愉快，或者为什么品尝到新事物的滋味时，自我存在的感觉也会大大增强。这也是我小时候致力于练芭蕾的原因：芭蕾舞所要求的平衡、姿势和纪

没有身体，我们的思想将弱不禁风、动弹不得且赤裸裸，只不过是个"缸中之脑"。

律性，就是我的内在集中于身体所表现出来的东西。

但是，科莱特的观点还产生了不止于此的影响，目前正在身份政治领域里被采纳和探讨。例如，身为黑人的生命经验与身为白人的就显著不同，它从根本上构成了一个人的身份。身患残疾或神经系统疾病（比如自闭症或强迫症等）的生命经验也是如此，身体上的每一种现实都通过自身的"棱镜"筛滤出其原始经验。然后，还有被"性别化"的身体，以及它所产生的非常特定的具身化知识：居于一副女性躯体中，就意味着承载了生物的、历史的和文化的包袱。这改变了女性与世界的来往关系，又给她们的身体添上了带有情感的一笔。这些都让我觉得，没有身体，我们不仅无法"活着"，事实上更无法"存在"。**N**

"这个点石成金术不像吹的那么好使。"

HERNEMAN

哲学十三问

大卫·沃尔什

对话赞·博格

古今艺术博物馆创始人、澳大利亚官佐勋章获得者大卫·沃尔什是职业赌徒、艺术收藏家和商人。

您的心魔是什么？

我心里的"魔鬼"可不止一个面相：喝成酒鬼就是个坏"鬼"，听深紫乐队主唱吉兰的《驱魔人》就是个好"魔"。我害怕向心魔投降，但也常需要屈从于它。心魔在做我需要做的事。

您的教育经历中最重要的部分是什么？

我当了一个赌徒。赌博教会我什么是运气，以及什么是成功的神话。我被迫明白了一件事（特别适合写作墓志铭）：偶然性使人解放，它既尊重失败，也限制了成功带来的好处。

如果可以改变这个世界上的一件事，您会选择什么？

让我给别人演示一下这种"改变"的能力。

哪位思想家对您一生的影响最大？

分三种。间接影响我的是亚里士多德：他提出正确问题，并在得到错误答案后开启怀疑。直接影响我的是纳西姆·塔勒布（《黑天鹅》作者）：他重新诠释了我们获得智慧的方式。而深刻影响我的是贾雷德·戴蒙德（《枪炮、病菌与钢铁》作者）：他筛掉那些不言自明的东西，展现出一切都绝非简单发生，而在这二者之间存在着真实但必要的偶然性。

"幸福"是什么？

幸福之人把他人的福祉或某种观点的好处看得比自己重要。

您受过哪种假象的折磨？

问一个人受过哪种假象的折磨，那你得问除他们以外的人才行。问我的假象，那就得去问上个问题里那种"幸福"的人。

如果可以选择，您最后一顿饭想吃什么？

松花蛋。自己从头制作的松花蛋。

您最想问别人的问题是什么？

我运气好，能通过我的古今艺术博物馆问别人"你如何才能避免欺骗自己"，我能问出这种问题也是必然的，看我上文那个关于"假象"问题的回答。

您最喜欢的词是什么？

扯淡。

您的座右铭是什么？

非得有的话，那可能得说是"木秀于林，勿为风摧"吧，大概意思就是"别让那些杂碎整垮你"。要不然就还是上面说的"扯淡"吧。

怎样算是安乐之死？

别人的死对我来说才安乐。但不包括能成为上文"幸福"那道题答案的人，部分符合也算。

别人怎么抨击您？

说我想让他们死。

生命的意义是什么？

知识，来自共识。观点只有在被质疑，然后应用于公认的智慧时才有趣。所以，没有什么可学的。意义，来自带着大好运气出生，有机会寻求幸福，有能力动摇他人，有意志显示克制，然后笑迎死亡。所以，踏上人生路，再让开人生路吧。

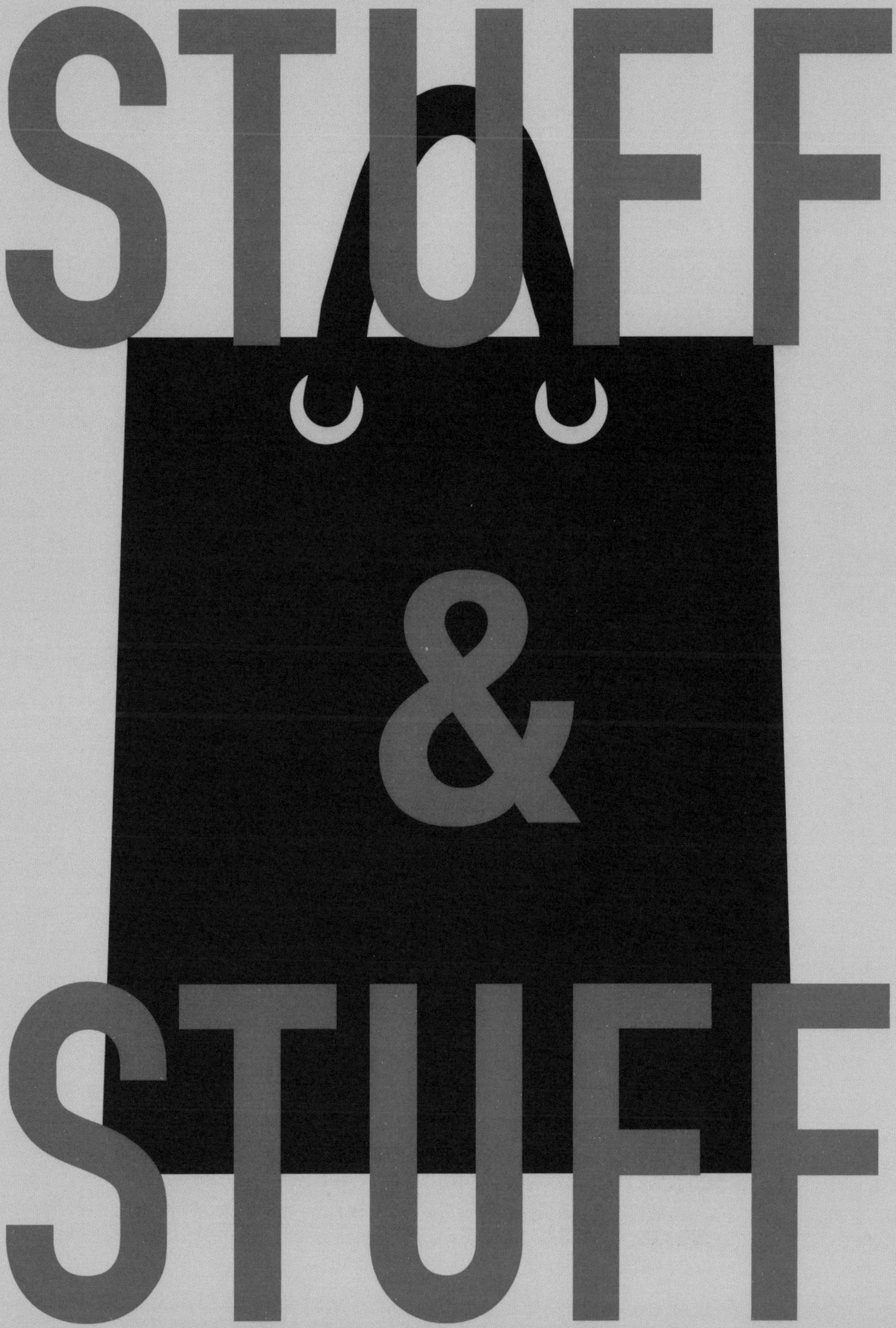
STUFF
&
STUFF